글누림 문화콘텐츠 총서 16 | 전주한옥마을과 생활문화

저자 소개

김민철 호서대학교 사회과학대학 부교수

글누림 문화콘텐츠 총서 16
전주한옥마을과 생활문화

초판 인쇄 2007년 11월 12일
초판 발행 2007년 11월 22일
지은이 김민철
펴낸이 최종숙
편집 이소희 권분옥 양지숙
펴낸곳 도서출판 글누림
주소 서울 서초구 반포4동 577-25 문창빌딩 2층
전화 3409-2055
팩시밀리 3409-2059
등록 2005년 10월 5일 제303-2005-000038호
전자우편 nurim3888@hanmail.net
값 7,500원
ISBN 978-89-91990-59-3 03380

글누림 문화콘텐츠 총서 16

전주한옥마을과 생활문화

김민철 저

글누림

글누림 문화콘텐츠 총서 발간에 부쳐

호서대학교 문화콘텐츠 연구 역량이 결집된 글누림 문화콘텐츠 총서 발간을 진심으로 축하합니다.

지금 우리 주변에는 창의적이고 도전적인 선구자들이 새로운 학문을 개척하는 모습을 많이 볼 수 있습니다. 특히 환경이 악화되고, 사회가 복잡해지면서 인류의 정체성 문제가 새로운 물음으로 대두되고 있습니다. 이제 인류의 미래와 번영에 대한 문제는 단순히 미래학자들의 몽상 속에서 등장하는 물음이 아니라 인류의 생존을 가늠하는 현실적인 문제가 되었습니다. 이런 중에 문화에 대한 탐구는 21세기 학문의 가장 빛나는 중심이 될 것이라고 믿어 의심치 않습니다.

이번에 발간되는 2차 글누림 문화콘텐츠 총서는 이와 같은 학문 내·외적 물음에 대하여 우리 대학 연구자들이 마련한 성실한 답변서라고 할 수 있습니다. 이 총서가 우리 대학을 세계적인 명문대학으로 성장시킬 'World Class 2030 Project'의 한 부분이 될 것을 기대합니다.

지난 1차 글누림 문화콘텐츠 총서에 이어 미개척의 학문 분야인 문화콘텐츠 분야에 대한 도전적이고 창의적인 정신을 실현한 우리 대학의 문화콘텐츠 총서 기획단, 집필진 여러분의 노고와 결실에 다시 한번 경의를 표합니다.

호서대학교 총장 **강 일 구**

EDITOR'S NOTE

　문화가 21세기를 이끌 새로운 분야로서 등장하기 시작한 것은 얼마 되지 않았는데, 지금은 학문의 중심 테마로 자리 잡아가고 있다. 산업 분야에서는 21세기의 새로운 지식 산업으로서 문화 산업이 이제는 당당히 한 자리를 차지하고 눈부시게 성장하고 있는 것을 확인할 수 있다.

　이러한 현상은 근대 학문 체계에 대한 회의와 맞물려 있는데, 이 점도 주목해야 할 것이다. 이미 20세기 후반부터 각 분과 학문의 분류 체계에 대해 회의하기 시작했고, 한편으로는 개별 학문을 넘어선 통합 학문을 지향하거나, 학문 간 연계를 강화한 이른바 학제 간 학문이 강조되었으며, 다른 한편으로는 학문의 근본 요소에 대한 성찰도 강화되었다.

　이러한 경향은 학문의 정체성 찾기와 학문의 보편성, 그리고 학문 제도에 대한 근본적 반성과 새로운 학문 제도의 형성이라는 다소 상반되고 혼란스러운 현상으로 나타나고 있다. 이것은 그동안의 각 분과 학문이 개별적이고 고립된 대상에 대한 연구였다는 고백과 반성으로 요약할 수 있다.

　여러 학문 중에서 특히 인문학은 인간과 인류에 대한 탐구라는 점에서 이와 같은 새로운 학문적 경향을 선도하는 역할을 해야 한다. 그러기 위해서 인문학은 개인, 고립된 주체에 대한 탐구를 지양해야 한다.

　흔히 인간은 생각하는 동물이라고 한다. 인간은 생각하는 능력 때문에 동물과 다른 변별적인 특성을 갖는다는 말이다. 이와 같이 인류라는 한 집단이 다른 동물종들의 집단과

구별되는 변별적인 특징들도 찾아 볼 수 있을 것인데, 그 여러 가지 중에서 문화는 가장 중요한 변별적 특질이라고 할 수 있다. 인류는 다른 군집과는 다른 그들만의 독특한 문화를 만들어낼 수 있다. 인류를 인류로서 구별하게 하는 이 문화가, 인류의 사고하는 능력에 못지않게 중요한 인문학의 테마로 부각되는 이유가 거기에 있다.

우리 대학은 기독교 정신과 벤처 정신으로 성장하는 학교이다. 기독교 정신은 나와 하나님, 인류를 사랑하는 정신이다. 벤처 정신은 창의적인 도전이고 한 걸음 더 나아가는 모험의 정신이다. 우리 대학은 이러한 정신을 산학 연계와 교육에서 실현하고자 애썼고, 어느 분야에서는 일정한 정도의 그 선도적 의의를 인정받고 있다. 이제는 이러한 역량이 학문 분야에서도 실현되어 학문을 선도할 때가 되었다. 문화의 탐구, 문화콘텐츠의 생산이 바로 그것이다.

이미 1차 총서에서 천명한 바와 같이 이 총서는 '교양 있는 일반인'을 위한 '문화콘텐츠'의 학술적 동향을 안내하는 것이 그 목적이다. 쉽고 간결한 문체를 선택하고, 그림과 도표로써 이해를 돕도록 하며, 설명을 위한 최소한의 주석만 넣는 등의 편집 지침은 이전과 동일하다. 선정이 까다롭고 지원이 크지 않았음에도 불구하고 연구 성과가 풍성했다. 향후 3차 총서에서도 21세기 학문을 반성하는 문화학의 테마와 그의 산학적 실천이라는 문화콘텐츠 생성에 보다 의미 있는 저작이 풍성하게 결실하기를 희망한다.

호서대학교 한국어문화학부 김성룡

PROLOGUE

전주는 전통의 천년고도이고 그 안의 문화유적은 우리 조상들이 그대로 살아 있는 공간이다. 필자가 어린시절을 보냈던 전주는 온 도시가 대부분 한옥마을이었다. 그러나 시대가 변하여 개발의 바람이 불어옴에 따라 한옥이 사라지고 한 곳 두 곳 현대식의 양옥집이 생겨났다. 그것도 이제 한 시대가 지나면서 요즘엔 곳곳에 거대한 아파트가 들어서 있다.

그런데 이러한 시대적 변화에도 변함없이 한옥을 계속해서 유지해오고 있는 마을이 있다. 전주의 한벽루에서부터 전동성당에 이르는 교동일대 지역이 바로 그곳이다.

한때 이곳은 개발의 바람에 따라가지 못하여 전주에서 가장 낙후된 지역이었다. 그러나 10여 년 전부터 전주시민과 지자체에서 이곳이 전통적으로 보호할 가치가 있는 곳임을 인식하고 전통을 보존하자는 공감대가 형성되어 전주한옥마을이라는 새로운 전통문화마을이 형성되었다. 지금 이곳은 더 이상 낙후된 지역이 아니며, 이곳저곳에서 전통을 복원하고 옛 것을 가꾸려는 노력을 하고 있다. 그래서 지금은 전국에서 많은 사람들이 찾아와 우리 조상들의 숨결을 그대로 느끼고 갈 수 있는 쉼터이자 마음의 안식처로 자리 잡았다.

필자는 이러한 전통문화 공간에 대하여 자료를 모으고 기록을 남기고 싶었다. 본서는 그러한 노력의 산물이다.

본서는 여러 사람들의 도움으로 출간되었다. 역사적 자료를 만들겠다는 소신으로 자료의 수집과 사진촬영 등의 작업을 기꺼이 도와준 전주전통연구회원들에게 감사한다. 그리고 호서대학교와 글누림의 관계자 분들에게도 감사의 마음을 전한다.

안서동에서 저자 씀

CONTENTS

1. 전통문화도시

(1) 전통문화

문화의 시대라고 일컫는 21세기가 도래하면서 문화에 대한 관심이 부쩍 커져가고 있다 그러나 문화를 정의하려고 하면 그렇게 쉽지만은 않은 것이 사실이다. 미국의 인류학자인 기어츠(Geertz, 1973)는 문화를 정의하면서 거미와 거미줄을 이야기하고 있다. 즉 거미가 거미줄을 벗어나서는 자유롭게 활동할 수 없듯이, 한 개인도 그 개인이 속해 있는 문화권을 벗어나면 불편을 느끼게 된다는 것이다. 이렇게 문화는 보이지도 않고 만질 수도 없지만 직접 몸으로 느낄 수 있는 것이다. 그만큼 문화는 대다수 민중과 밀접하게 연계되어 있으며, 일반 민중들의 지지를 받지 못하면 점차 약화되거나 없어질 수도 있는 민중들의 부산물인 셈이다.

문화의 영역은 문화를 연구대상으로 하는 학문분야에 따라서 달라질 수도 있지만, 우선 관심을 가져야 할 분야가 전통문화이다. 전통문화는 대대로 축적된 대다수 민중들의 삶의 지혜를 의미한다. 이러한 전통문화 속에는 오늘날까지 전승되고 있는 음식문화, 복식문화, 주거문화, 농촌문화, 혼인문화 등이 포함되는데 이것은 모두 한 개인의 습속이나 전통이 아니라 대다수 민중들이 함께 공유하는 생활방식이며 관습인 셈이다.

전통문화와 같은 문화는 그 범위가 너무나 넓고, 보는 관점에 따라서 다양한 측면이 내포되어 있기도 하다. 또한 주어진 여건과 받아들이는 입장에 따라서 다양한 문화가 서로 대치되기도 하고 혹은 상호보완적으로 공존하기도 한다. 전통문화에 기반을 두면서 새롭게 재창조되고 대중화된 다양한 문화의 복합체가 되고 있는 전라북도 전주한옥마을을 통하여 전통생활문화를 알아보고자 한다.

(2) 전통문화도시

전주는 많은 사람들에게 전통의 고도(古都)로 각인되어 있고, 전주 시민 스스로도 이 점에 대단한 자부심을 갖고 있는 도시일 것이다. 또한 전주는 지금 전통의 문제에 관한 한 가장 첨예한 긴장 속에 놓여져 있는 도시이기도 하다. 전주는 보이지 않는 어떤 것들의 도시이다. 전주의 이미지를 구성하는 많은 상징들, 예컨대 맛, 소리, 전통, 예향 등은 한결같이 보이지 않는 어떤 것들을 향하고 있다. 이러한 상징들은 어떤 의미에서 대단히 소극적이며 정지해 있는 것이라는 느낌마저도 준다. 전주시는 바로 이러한 보이지 않는 상징들을 보이는 어떤 것으로 만들기 위해 안간힘을 쓰고 있고 많은 사람들이 그러한 노력들에 호응하고 있다. 보이지 않는 세계는 그 내면 속에 훨씬 더 치열하고 능동적인 투쟁을 담고 있기 마련이다. 다만 상처받은 세월 속에서 도시는 그 깊은 속살을 드러내 보이지 않고 있는지도 모른다.

전주는 경기전이나 조경단[1] 같은 역사적 유물들이 도시적 경관을 관통하고 있다. 전주에서 가장 아름다운 건물 중의 하나인 전동성당은 한국 가톨릭의 초기역사를 웅변해주는 건물이다. 전주는 천주교의 초기 역사에서 전국적으로 가장 많은 수의 순교자를 배출한 성지로 꼽히는 곳이며,[2] 전주를 감싸고 있는 모악산은 증산교와 백련교를 비롯한 수많은 민족종교의 본산이거니와 무속신앙의 모태로 불리는 곳이다.

---

1 1973년 6월 23일 전라북도기념물 제3호로 지정되었다. 덕진시민공원 내 건지산(乾止山) 줄기에 울창한 소나무숲으로 둘러싸여 있다. 이한은 조선 태조의 21대조로, 태조는 묘역을 각별히 수호하도록 하였으며 이후의 역대 왕들도 정성을 다하여 보호하였다. 특히 고종은 1899년(광무 3년) 5월에 이곳에 단을 쌓아 당상관을 배치하고 비석을 세워 전주 이씨 시조의 묘로 정하고 대한조경단(大韓肇慶壇)이라 명명하였다. 또한 해마다 한 차례 제사를 지내고, 단을 중심으로 450정보의 단역을 마련하였다. 이는 경기전, 조경묘와 함께 전주가 왕조 전주 이씨의 발상지라는 의의를 한층 현실화한 조치였다. 전주 이씨 선원계보에 따르면, 신라시대에 사공(司空) 벼슬을 지낸 이한을 시조로 18대인 목조까지 전주에 기거하였다는 기록이 있다고 한다(태조 22대). 1만여 평의 경내에 주변을 돌담으로 쌓고 동·서·남·북문을 두었다. 조경단 남쪽 20m 지점에는 고종이 세운 비석이 비각에 안치되어 있다. 거북등 위에 세워진 비석은 너비 1.8m, 두께 0.3m, 높이 약 2m로 거대하며, 대리석으로 만들어졌다. 비석 앞면에 새겨진 '대한조경단'이라는 글씨와 비문은 고종의 어필이다. 비각은 한 변이 7.2m인 정사각형 3칸 팔작지붕이다. 〈네이버 백과사전〉 참조.
2 천주교의 역사에서 전주는 한국의 예루살렘으로까지 불린다. 천주교가 전파된 경로는 조선후기 권력에서 소외된 남인계열의 학자들에 의해서였지만, 그 종교적 발전을 크게 이루었던 곳은 전주를 중심으로 한 전라도 일대였다. 전라도에 맨 처음 천주교를 전파했던 유항검(柳恒儉)은 양반 가문에서 태어나 과거를 준비하기 위해 경기도 양근의 권일신을 찾아갔고, 그는 이곳에서 천주교를 배우고 영세까

경기전 입구

내부 안내도

조경단(묘의 모양이나 유골이 없는 묘를 '단'이라 한다)

사당

지 받았다. 유항검은 한국 천주교의 창설자로 불리는 이승훈 신부로부터 신부로 임명을 받고 전라도 지역의 전도에 힘을 쏟았고 결국 신유박해 당시 순교의 운명을 받았다. 또한 신유박해 이전인 1791년(정조대) 당시 전주의 천주교 신자로 남문 밖(현 전동성당 부근)에서 참수당한 윤지충과 권상연은 한국 교회 최초의 순교자로 꼽힌다. 이에 관해서는 주명준(1998), 천주교와 개신교의 전라도 선교 비교, 〈전주의 역사와 문화〉, 전북전통문화연구소 편 참조.

한국 최초의 순교터에 세워진 전동성당

모악산 대원사(대원사는 전통 명찰로 수많은 선사들이 이 곳에서 정진을 했으며 '곡차'라는 말을 사용한 진묵스님께서 오래 묵으시던 절집)[3]

3 자료원 http://blog.naver.com/jmssarang?Redirect=Log&logNo=29662336 〈헬기를 타고 모악산을 둘러보다〉

여기에 동학농민혁명의 피어린 항쟁과 역사가 이곳 전주성을 거점으로 하고 있었다는 점도 빼놓을 수 없다. 갑오년 농민들이 혁명의 횃불을 들었을 때 농민군의 일차적인 목표는 전주성[4]이었다. 농민군은 전주성을 점령함으로써 확고한 정치적 의미를 획득할 수 있었고 혁명의 의미와 성격을 결정지을 수 있었다. 이곳 전주를 중심으로 하여 집강소[5]라는 이름으로 전라도 일대에 한국 역사상 최초이자 마지막인 농민자치가 실현되었고 이곳에서 농민들은 혁명의 성공을 예감했다. 그러나 상황은 변했고 이제 일본과 맞서 나라의 운명과 자신들의 생사를 건 피할 수 없는 한판 싸움을 시작한 곳도 이곳 전주였다. 좀 더 거슬러 올라간다면 한국사에서 가장 비운의 왕으로 꼽히는 견훤이 후백제의 도읍을 세우고 도약의 꿈을 꾸었던 곳도 바로 이곳이었다. 전주는 한국사의 고비마다 저항의 역사라는 일종의 신화를 간직한 도시로 상징될 수 있다.

이러한 저항과 좌절의 역사 속에서 전주는 가장 민족적인 풍류를 활짝 꽃피워냈다. 한국 근대문화사의 꽃이라고 할 수 있는 판소리가 이곳 전주를 중심으로 발전해왔고, 수많은 명창들이 전주의 대사습[6]이라는 관문을 통과하면서 국창으로 우뚝 설 수 있었다. 판소리의 발전은 다양한 문화적 발전을 가져왔다. 판소리가 대중화되면서 판소리 사설을 인쇄하기 위한 목판본이 전주에서 만들어졌고,[7] 전통한지의 명맥이 이어져왔던 곳도 이곳이었다.

---

4 1981년 4월 1일 전라북도기념물 제44호로 지정되었다. 성의 명칭과 축성 연대는 건물터에서 발견된 기와편으로 추정해 알게 되었다. 동고(東固)라는 명칭은 남고산성(南固山城)에 대해 상대적으로 붙은 것이다. 기와편에 전주성(全州城)이라는 글씨가 새겨져 있어 산성이 지어진 당시에는 전주성이라고 불렀던 것으로 보인다. 1980년 처음으로 이 산성을 조사할 때 전주성명연화문와당(全州城銘蓮花文瓦當)이 발견되었다. 지름이 125cm로 둘레에 38개의 연주문(連珠文)을 둘렀다. 가운데에는 여덟 잎의 연화무늬가 새겨져 있다. 꽃잎마다 작은 꽃잎을 겹친 형식으로 보아 신라 말기에서 고려 초기에 축성된 것으로 추정된다. 이는 견훤이 완산주(完山州 : 全州)에 입성하여 후백제를 세운 시기와 맞물리는 시기이다. 한편 전주 성황사 중창기(重創記)에는 이곳이 견훤의 궁터로 전해온다고 표현되어 있다. 승암산(僧岩山 : 306m)의 기암절벽을 따라 축조되었고, 남북에 익성(翼城)을 지은 형식이다. 산의 능선을 내성곽(內城郭)으로 하였고, 그 외사면에 회랑도를 설치하였다. 외벽에 석축을 한 방식으로 지어졌다. 성 안 중앙에는 우물이 있다. 성벽의 높이는 4m 내외이며, 바깥 성곽의 둘레는 약 1,588m, 동서축(東西軸)의 길이 314m, 남북축의 길이 256m, 북익성(北翼城)의 길이 112m, 남익성(南翼城)의 길이 123m에 이른다. 〈네이버 백과사전〉 참조.

5 1894년(고종 31) 동학농민운동 때 농민군이 호남지방의 각 군현에 설치하였던 농민 자치기구.

6 대사습은 조선조 숙종대의 마상 궁술대회, 영조대의 물놀이와 판소리, 백일장 등 민속 무예놀이를 종합 대사습이라 일컬은데서 유래한다. 영조 8년 지방재인청과 가무 대사습청의 설치에 따라 전주에 4군자청을 신축하고 대사습대회가 최초로 전주에서 베풀어진 뒤 연

전주 대사습놀이 대회사진[8]

　　그러나 전주가 전통문화의 도시로 만들어 내는 힘으로 구체적으로는 왕재(王材)를 배출한 힘을 가리키고 있다. 전주는 조선왕조를 싹틔워 낸 관향으로서(豊沛之鄉)[9] 조선왕조 500년 동

례행사로 치러졌다. 대사습대회에서 선발된 소리꾼들에게는 벼슬이 제수되었으며 명창 칭호가 내려졌다. 그 후 철종대 대사습대회가 중단되었고 이후 1975년 제1회 전주대사습놀이 전국대회가 열려 대사습의 전통이 복원되었다.

7 전주 완판본의 역사와 전통에 관해서는 〈문화저널〉 1997년 10월호, 저널초점-고문서, 선인의 문화와 삶을 읽는 방향, 전주의 출판, 인쇄(印刷) 문화재 보존을 위한 호소 참조.

8 자료원 http://www.jjdss.or.kr/

안 일종의 성지가 되었다. 그래서 전주는 조선왕조가 고비를 넘을 때마다 각기 다른 의미에서 기념되고 관리되었던 왕가의 본향(本鄕)이었다. 전주는 언제나 새로움과의 만남이라는 진보적인 의미를 담고 있으며, 조선왕조를 새롭게 출발시킨 힘이 될 수 있는 것이다. 이러한 전주의 도시적 상징은 왕가를 배출한 이후에도 끊임없이 이어져왔다.

이 땅 어느 곳에선가 슬그머니 시작된 종교나 정신은 이곳 전주를 거치면서 비로소 완전한 모습을 갖추었던 것이다. 전주를 둘러싸고 벌어진 수많은 역사와 사건들을 씨줄로 엮어놓고 보면 그것은 한국의 저항운동사와 맥을 같이한다. 수많은 사건들을 직접 겪거나 목도하고 또는 좌절하면서 그것들이 오랜 세월에 걸쳐 집합적으로 해석되면서 전주의 도시적 상징은 저항과 풍류로 발전한다. 풍류는 저항의 다른 표현이었던 것이다.

전주의 문화적 코드인 저항과 풍류는 전주가 겪어왔던 역사에 대한 전주지역 주민들의 집합적인 해석인 셈이다. 전주의 고유한 문화적 코드인 저항과 풍류는 억압받는 사람들의 정신을 표상한다. 저항의 또 다른 얼굴이었던 전주의 풍류가 1980년대를 거치면서 민족문화의 선두로 부상한 것은 결코 우연이 아닌 셈이다.

전주의 도시적 상징이었던 저항과 풍류는 지금에 이르러서 천년고도(古都)와 예향의 이미지로 일반화되었다. 이 두 가지 이미지는 언제나 전주시를 감싸 안은 전통성의 상징이었다. 그러나 한편으로 그것은 고도산업사회로 향하고 있었던 한국 현대사 속에서 저발전과 전근대성의 의미를 내포하기도 했다. 적어도 1980년대 이전까지 예향 또는 천년고도라는 이미지는 시대착오적이었고 대중적이지도 못했으며, 도시정책의 중요한 지침이 되지도 못했다.

그러나 1980년대 이후 한국사회가 겪고 있는 성장의 한계가 지방과 문화에 대한 새로운 접

---

9 풍패(豊沛)는 한고조(高祖) 유방(劉邦)의 고향이다. 조선왕조를 창업한 이성계는 자신의 선영이 발원한 전주를 한고조의 풍패에 비견하여 풍패지향이라고 부르고 각별한 관심을 쏟았다. 현재 전주객사의 현판에 남아있는 글이 바로 이 풍패지향이며, 경기전에는 태조의 영정을 모셨고 조경단에는 전주 이씨 시조의 위패를 받들어 단을 조성했다.

근을 허락하면서 예향과 천년고도의 이미지는 급격하게 되살아나기 시작했다. 문화의 시대, 지방의 시대라는 담론이 전세계적인 담론으로 발전하면서 역설적이게도 전주의 저발전은 전주의 가능성을 말해주는 강력한 자원이 되고 있다.[10]

한편 전통의 고장, 예향으로 기억되고 있는 전주의 이미지를 규정하는 역사적 경험은 과연 어떤 것이었을까, 그리고 전주에 대한 이러한 평가는 과연 지금도 유효한가 하는 문제는 정체성의 문제를 풀어나가는데 일차적인 관건이 된다. 농경의 땅, 전라도의 수부인 전주는 농경문화의 유산이 활짝 꽃피워진 문화의 중심이었던 반면에 한편으로는 착취와 수탈의 땅이기도 했다. 또 한편에서는 징게맹게 너른 들[11]의 넉넉함과 여유로움이 도시를 지배하는 반면에 끊임없이 모색되는 저항의 현장이기도 했다. 그런 속에서 전주의 문화는 곧 전라도의 문화를 대표했고 그것은 다시 조선의 문화로 자리 잡았다. 전주에는 농경문화에 기반한 민중문화와 넉넉한 풍요 속에서 형성된 선비문화 또는 한량문화가 뒤섞여 있었다. 그리고 이 두 가지 문화적 경향은 단순하게 고급문화와 대중문화라는 이분법적인 틀로 구분될 수 없는 독특한 의미를 공유하면서 서로 뒤섞이기도 하고 영향을 주고받기도 했다. 예컨대 판소리는 무가(巫歌)의 장단과 가락에서 출발하여 대중적인 사랑을 받으며 발전하다가 조선의 지배계급 속에 광범위하게 파급되는 과정을 밟았고, 농경과 결합한 풍물이 전라도의 농경문화 속에서 다양하게 발전해 나오기도 했다.

---

10 민선 2기를 맞은 전주시는 전주를 조선문화권으로 개발하겠다는 계획을 발표했다. 전주시는 전주를 경주를 중심으로 한 신라문화권 충남 부여의 백제문화권 안동의 유교문화권에 비견하는 조선문화권의 메카로 만들겠다는 기본계획을 확정하고 문화특구를 지정, 개발하고 문화유산 및 예술행사를 통해 품격있는 문화도시로 만들겠다는 구상을 갖고 세워두고 있다. 이에 대한 지역언론 및 문화계의 반응은 대단히 호의적이다. 전북일보는 전주시의 이 프로젝트를 시가 추진하고 있는 조선문화권 종합개발계획은 천년고도이자 왕조 발상지로서 사료가 풍부하게 산재되어 있는 전주시로서는 오히려 때늦은 감이 없지 않다는 평가마저 받고 있다. …(중략)… 전주권 지역의 종합개발 미흡은 …(중략)… 부의 역차별적 정책으로 분석되고 있어 상대적 소외감을 가중시키고 있는 것이다. 따라서 조선문화권 종합개발은 단순히 경기전과 풍남문, 오목대 등 여러 문화관광자원을 연계 개발하는 것이 아니라 사실상 지역의 균형적 개발과 발전을 도모하는데 더 큰 의미가 부여되고 있는지도 모른다는 평가를 내리고 있다(전북일보, 1999. 6. 23).
11 징게맹게 너른 들은 김제·만경평야의 사투리이다. 징게맹게는 우리나라에서 유일하게 지평선을 바라보는 드넓은 들판을 간직하고 있으며, 이 장소적 명칭은 땅과 그 속에서 숨쉬며 살아온 농촌의 회한과 역사를 표현하는 말이기도 하다.

넓은 김제평야에 무르익은 곡식

남포 들녘 마을의 코스모스 축제

　　전주의 도시적 정체성과 관련하여 전주의 전통문화는 크게 세 시기로 구분될 수 있다. 첫 번째 전통문화의 중흥기는 조선 중기인 영조대부터 일본에 의한 강제합병이 이루어지기 전까지의 시기로 판소리를 비롯한 민족문화의 전성기와 때를 같이한다. 이 시기의 전주는 도시경관의 측면에서 본다면 조선왕조의 발상지로서 끊임없는 관리와 보호를 받아왔다. 이러한 왕가의 보호와 관리는 전주를 조선건국의 신화를 간직하고 있었고 성지로서의 이미지를 강제하는 것이기도 했다.[12] 그러나 이 시기를 통해서 전주의 이미지를 대중적으로 구축했던 것은 농경문화의 여유로움에서 파생한 무형의 문화유산들이었다. 전라도에서 비롯하여 전국적으로 유행했던 19세기 판소리의 고장, 또는 비빔밥으로 대표되는 음식문화의 보고라는 이미지는 이 시기를 통해서 널리 확산되었다. 지금 외지인들이 전주에 대해서 말하면서 가장 먼저 떠올리는 판소리와 비빔밥, 그리고 예향의 이미지는 이때를 전후로 해서 전주의 문화적 상징으

----

12 조선의 국운이 위태롭던 고종대에 이르러 전주 이씨의 시조인 이한의 묘소가 새롭게 정비되고, 오목대에 이성계를 기념하는 비석이 세워진 것은 전주의 정체성과 관련해서 대단히 의미심장하다. 조선의 왕가와 지배계급들은 조선의 위기가 왕실의 기운이 다함으로써 닥쳐왔다는 문제의식 속에서 왕가의 정통성을 다시 한번 정비하고 이를 통해 왕실을 신비화하고 왕실의 권위를 높히려 했을 것이다. 이러한 조선왕조의 노력은 상당한 성과를 거두었다. 심지어 한국 최초의 근대혁명으로 꼽히는 동학농민혁명 당시 전주성을 점령한 농민군들은 관군이 전주성 외곽에서 쏘아대는 포격으로 경기전이 심하게 훼손되는 것에 상당한 부담감을 느꼈으며 이를 염려하여 서

로 정착되었다. 이와 함께 전라도의 풍부한 물산을 바탕으로 한 음식문화가 꽃피고, 선비들의
표징이자 장신구였던 부채문화도 등장했다.

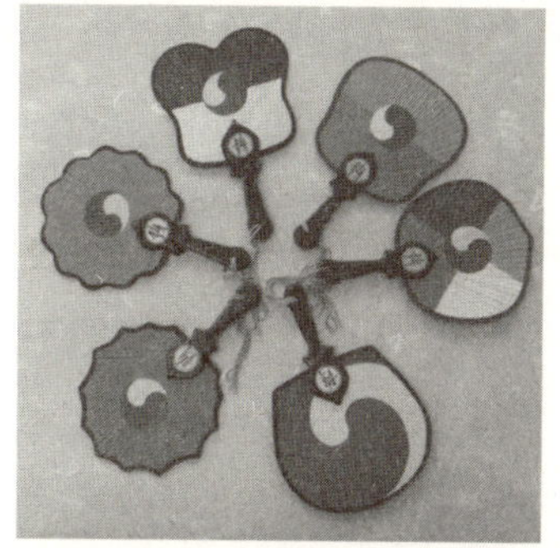
꼬마부채[13]

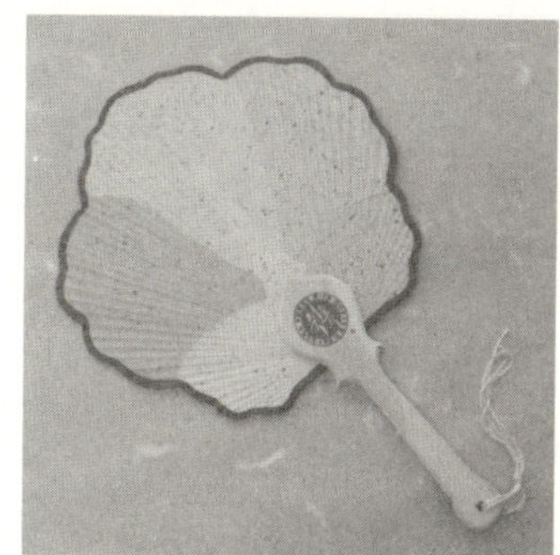
무궁화부채[14]

오색단청부채[15]

태극부채[16]

둘러 전주화약에 응했다는 분석도 있다. 적어도 이 때까지 전주는 왕의 사신을 처형할 정도로 의식적이었던 반란군들에게도 일종의
성지로서 이미지가 구축되어 있었다. 김은정 외(1995), 동학농민혁명 100년, 나남출판 참조.

13 자료원 http://www.craftsdream.com/source/skin/shop
14 자료원 http://www.craftsdream.com/source/skin/shop
15 자료원 http://www.craftsdream.com/source/skin/shop
16 자료원 http://www.craftsdream.com/source/skin/shop

전주의 이러한 전통문화의 중흥기도 한일 강제합병과 함께 서서히 퇴조해갔다. 전주문화의 두 번째 시기인 전통문화의 쇠퇴기는 강제합병으로부터 1970년대에 이르는 긴 세월동안 계속되었다. 정치·사회적 변화와는 별도로 문화적 융성기를 구가했던 전주문화는 이 시기에 들어서면서 일본의 강력한 식민지 문화정책에 부딪치고 새로운 시대를 열망하는 근대적 세계관을 접하면서 급속하게 쇠퇴해갔다. 그것은 한편으로 식민지 권력의 의도적이고 제도적인 파괴에 기인하는 것이기도 했지만, 한국사회가 근대화되어가는 과정에서 나타난 필연적인 귀결이기도 했다. 전주의 도시적 의미를 상징했던 전라감영과 객사가 근대적인 도로망이 뚫리면서 해체되었고, 경기전은 학교부지로 절반 이상이 떨어져 나갔으며 도심은 일본인들을 위해 새롭게 조성되었다.

이 시기의 전주문화는 전통문화의 쇠퇴과정과 함께 상대적인 부진에 빠져들었고, 예향의 신화와 이미지는 탈색되었지만 그 자체로 문화의 성장발전이 멈춘 것은 아니었다. 그러나 무엇보다도 이 시기 전주문화의 약점은 이전의 지극히 대중적이고 일상적이었던 전통문화의 생활양식이 급격히 그 기반을 잃어갔다는 사실이었다. 언제 어떤 자리에서도 손쉽게 들을 수 있었던 판소리가 고급화되면서 특정계층에 의해서만 향유되었고, 그 밖의 생활문화의 기반이 송두리째 무너지면서 전주가 가진 예향으로서의 도시정체성은 일반 대중들로부터 괴리되어 존재하기 시작했다.

전주의 문화적 상징을 구성했던 전통문화는 1970년대부터 일기 시작한 민족민중문화 운동의 영향을 받으면서 서서히 복원되기 시작했다. 그런 의미에서 1980년대부터 현재까지의 시기는 전주의 도시문화 속에서 전통문화가 복원되면서 새로운 의미에서의 도시정체성을 형성해 가는 시기로 볼 수 있다. 1970년대부터 일기 시작한 문화운동은 전북 지역의 전통문화에 대한 문화적 정통성을 확인시켜주는 것이었다. 이 시기의 문화운동이 기반했던 전통문화의 양식들은 농경문화의 전통에서 출발한 이른바 노동의 문화였다. 1970년대 대학을 중심으로 벌어진 저항문화 운동은 맨 처음 농악의 문화적 지위를 복원시켰으며, 그것은 전북의 지역문화에 중요한 의미를 주는 것이었다. 전북지역은 여전히 가장 정통성있는 호남좌우도 농악의 본산이었으며 나름대로 원형을 보존하고 있었고, 그 속에서 전북지역은 민족문화의 메카로 자리 잡을 수 있는 가능성을 지니고 있었다.

(3) 전주의 문화정책

민선시대 이후 전주시의 문화전략은 큰 틀에서는 전통의 현대적 계승이라는 관점을 견지하면서 다양한 내용과 형식으로 모색되었다. 역시 문화도시로서 전주를 기념하고 발전시키는 사업이 본격화된 것은 민선시대가 시작되면서부터였다. 문화도시를 향한 전주의 열망은 곳곳에서 드러난다. 심리적으로는 산업화의 시대를 실패의 역사로 인식하는 전주의 피해의식은 문화도시의 실현을 통해서 보상받고자하는 측면도 있었다. 전통문화에 대해 새롭게 눈뜨고 문화가 21세기의 경쟁력이라는 개념으로 떠오르면서 전주는 그야말로 백가쟁명[17]가의 아이디어들이 쏟아졌다.

그 속에서 전주의 지역문화가 몇 십년간 끌어안고 왔던 변치 않는 주제는 전통의 현대적 계승이었다. 전주는 전통도시이며 옛것의 도시였다. 그것은 곧 전주는 양반과 선비의 도시라

---

17 百家爭鳴, 많은 학자나 논객(論客)들이 거리낌없이 자유롭게 논쟁하는 일, 춘추전국시대 제자백가(諸子百家), 우후죽순처럼 일어나 학문이 융성했던 현상을 일컫는 말.

는 이데올로기와 연결되어 전주가 대단히 점잖고 학자적인 분위기의 도시라는 의미로 해석되곤 했다. 그것이 사실인가와 관계없이 이 같은 도시적 상징으로 인해 전주는 한때 교육도시라는 상징을 갖기도 했으나, 전주가 최종적으로 받아들이고 대중화시킨 상징은 바로 예향이라는 것이었다. 맛과 멋의 고장이라는 전주의 또 다른 캐치프레이즈는 예향의 또 다른 표현인 셈이다.

(4) 전주의 전통문화도시전략

전주의 전통문화전략에서 가장 중요한 것은 역시 역사와 전통의 이미지를 강화하는 것이었다. 전주의 이러한 전략은 전통문화의 거리 조성사업, 소리축제(판소리), 천년고도 이미지 강화, 호남제일문으로 상징되는 호남수부로서의 옛 영화 되찾기 등 다양한 형태로 드러나고 있다. 이러한 문화적 기획들은 역사도시 또는 예향으로서의 이미지를 강화함으로써 도시의 정체성을 강화하고자 한다.

현판은 강암 송성용 선생의 글씨로 전주의 과거에 대한 자존심과 미래에 대한 포부를 나타내고 있다.[18]

전주의 경기전과 한옥거리 등 조선시대 이후의 역사를 담고 있는 유적들은 전통문화로 묶여 조선시대의 거리를 재현함으로 경기전 일대의 한옥보존지구를 조선시대의 풍물과 정신이 그대로 살아있는 거리가 되었다.

전통문화도시의 첫 번째 단계를 보면 문화도시 만들기의 요소가 역사적 사건(동학농민혁명), 스포츠산업(아이스링크), 첨단문화산업(영상산업), 전통문화산업(약령시, 서예비엔날레, 한지축제 등) 등 거의 전방위적으로 제기되어 왔음을 알 수 있다. 두 번째 단계, 즉 자원의 다양한 요소들 가운데 선택과 탈락이 이루어지는 과정에서도 전주의 특화된 문화전략은 조금씩 모습을 드러내고 있다. 전주는 전통문화와 현대문화의 사이에서 거의 우열을 가리기 어려운 첫 번째 단계에서 벗어나 두 번째 단계는 전통문화의 우위가 비교적 선명하게 드러난다. 전통음식 단지 조성(1995), 전주비빔밥 상표 등록(1996), 전통한옥의 거리 조성계획(1994), 판소리 전용극장 건립 추진(1998), 향토역사박물관 건립 추진(1998) 등이 두 번째 단계에서 선택된 주요 아이템들이다. 그리고 이러한 사업들은 전주의 문화적 지형과 흐름을 주도했다. 그러나 그 과정에서 전주시가 포기하지 않고 있는 현대적인 문화산업전략이 바로 영상산업이다. 1999년 지정된 전주영상SW특성화단지 진흥구역은 아직까지도 전주시의 각별한 지원을 받으며, 영상수도로서 전주의 위상과 의미를 확인시켜주고 있다.

　이러한 과정에서 전주시가 조성하여 완성한 전통 한옥의 거리를 통하여 전통문화의 도시를 만들어 나가고 있다. 전주시가 가지고 있는 문화적 보수성과 분위기를 그대로 보여주고 있는 한옥마을에 대하여 알아보고자 한다.

2. 한옥마을

(1) 한옥마을의 유래

을사조약(1905년) 이후 대거 전주에 들어오게 된 일본인들이 처음 거주하게 된 곳은 서문 밖, 지금의 다가동 근처의 전주천변이었다. 서문 밖은 주로 천민이나 상인들의 거주지역으로 당시 성안과 성밖은 엄연한 신분의 차이가 있었다. 성곽은 계급의 차이를 나타내는 상징물로 존재했던 것이다. 양곡수송을 위해 전군가도(全郡街道)가 개설(1907년)되면서 성곽의 서반부가 강제 철거되었고, 1911년 말 성곽 동반부가 남문[19]을 제외하고 모두 철거됨으로써 전주부성의 자취는 사라졌다.

풍남문 정면[20]

풍남문 후면

---

[19] 보물 제308호인 풍남문은 전주부성의 4대문 가운데 남문에 속했다. 일반적인 성문과 마찬가지로 성벽의 일부를 형성하는 석축기대 중앙에 홍예문이 있고, 그 위에 중층문루가 있다. 고려 공양왕 원년인 1398년에 전라 관찰사 최유경이 세웠으나, 정유재란 때 화재로 불타버렸고, 영조 44년(1768년)에 전라감사 홍락인이 다시 세우면서 풍남문이라 이름하였다 한다. 일제강점기에 대부분의 성벽과 나머지 성문은 자취를 감추고 이 문만 남게 되었다고 전해진다. 풍남문은 그 후 종각, 포루 등이 일부 헐리고 지면이 묻히는 등 옛 모습이 크게 훼손되었는데, 1978년부터 3년간 보수공사로 다시 그 원모습이 드러나게 되었다 한다. 특징은 아래층 내부에 전후 두 줄로 4개씩 세운 기둥이 그대로 연장되어 위층이 변주로 되는데, 이러한 기둥배치는 우리나라 문루건축에서는 희귀한 양식으로 알려져 있다 한다.

[20] 풍남문정면, 후면, 포루, 종각, 측면 http://blog.naver.com/cglee1498?Redirect=Log&logNo=150007353564

풍남문 포루

풍남문 종각

풍남문 측면

풍남문 측면

이는 일본인들에게 성 안으로 진출할 수 있는 계기를 만들어 주었으며, 실제로 서문 근처에서 행상을 하던 일본인들이 다가동과 중앙동으로 진출하게 되었다. 이후 1934년까지 3차에 걸친 시구개정(市區改正)에 의하여 전주의 거리가 격자화되고 상권이 형성되면서, 서문일대에서만 번성하던 일본 상인들이 전주 최대의 상권을 차지하게 되었으며, 이러한 상황은 1945년까지 지속되었다.

1930년을 전후로 일본인들의 세력 확장에 대한 반발로 한국인들은 교동과 풍남동 일대에 한옥촌을 형성하기 시작했다. 이는 일본인 주택에 대한 대립의식과 민족적 자긍심의 발로였다. 1930년대에 형성된 교동, 풍남동의 한옥군은 일본식과 대조되고 화산동의 양풍(洋風) 선교사촌과 학교, 교회당 등과 어울려 기묘한 도시색을 연출하게 되었다. 오목대에서 바라보면 팔작지붕의 휘영청 늘어진 곡선의 용마루가 즐비한 명물이 바로 교동, 풍남동의 한옥마을인 것이다. 이곳에 작가 최명희의 생가와 소설 <혼불>에서의 전주 최씨 종택과 학인당이 있는데, 특히 학인당은 전통기와집의 화려함을 그대로 간직한 곳이다.

전주한옥마을 전경. 국내 최대의 한옥 밀집지대로 기와지붕의 곡선·처마·뒤 안·대청마루 등 조상들의 전통 주거 형태를 배울 수 있다.

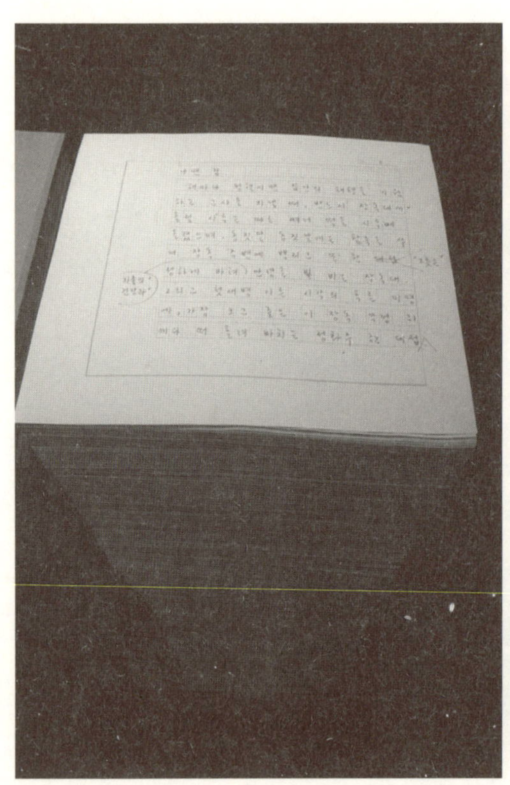

원고지 1만 2000여 장에 달하는 〈혼불〉의 원고 원본[21]

작가의 삶과 문학 세계를 느낄 수 있는 최명희 문학관

[21] 자료원 http://blog.naver.com/forvenus?Redirect=Log&logNo=110014423262

최명희 생가터. 길이름도 '최명희길'이다.

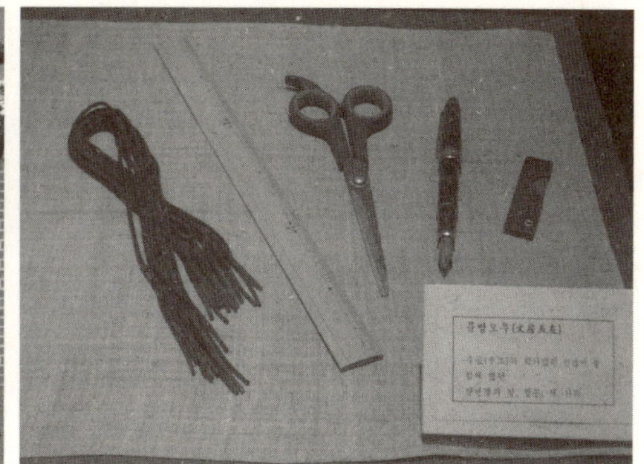

작가의 유품 '문방오우'. 컴퓨터 자판을 거부하고 오로지 만년
필로 원고지를 작성하였다.[22]

(2) 한국의 집, 한옥

❶ 주거의 역사

고고학적 고찰에 의하면 인간이 지은 최초의 집은 무덤처럼 땅을 파고 그 위에 지붕을 씌
운 수혈주거[23]라고 한다. 인간이 서서히 집단을 이루고 자연 조건에 적응하면서 지역의 조건
에 부합하는 다양한 형태의 집들이 만들어졌다. 우리나라는 사계절이 뚜렷하여 더운 여름과
추운 겨울을 지내야 하며 산과 물이 많아 주거의 입지조건에 따라 조금씩 모습을 달리하는
집들이 생겨났다.

---

22 자료원 http://blog.naver.com/forvenus?Redirect=Log&logNo=110014423262
23 평면 플랜은 원형·직사각형·정사각형의 것이 많다. 바닥면 주위는 낮은 벽으로 둘러져 있고 이 벽의 바깥쪽 성토한 곳에 구덩의 중
   앙부로부터 지붕을 이어 내렸다. 구조로 보아 여름은 시원하고 겨울에는 따뜻하지만 습기가 많은 것이 흠이다. 신석기시대의 대표적
   인 주거로 유럽·아시아·미국의 유적 등지에서 많이 볼 수 있다. 한국에서도 중기 신석기 시대의 움집터가 1925년 서울특별시 강동
   구 암사동 유적에서 발견된 이래 이곳에서 1967년, 1971년에 10여 기가 발견되었다.

[수혈주거] 신석기시대에 지면을 파서 주거(住居)의 바닥 부분을 지표면보다 30cm에서 1m 정도로 낮게 한 반지하식(半地下式) 주거[24]

추운 지방에서는 방바닥을 따뜻하게 데워 추위를 막는 온돌이 발전하였으며, 비가 자주 내리고 습기가 많은 더운 지방에서는 바람이 잘 통하고 시원한 마루가 발전하였는데 차츰 이 둘이 합해져 부엌과 온돌, 마루 등이 결합하여 만들어진 우리 민족만의 독특한 주거형태로 발전하였다.

❷ 한옥의 입지조건

지붕의 재료로는 처음에는 풀이나 짚, 나무껍질, 나무 등 자연 재료를 그대로 사용하였으나 새끼로 꼬아서 만든 초가와 흙으로 구운 기와를 발명하여 일반 백성들은 초가를 지붕의 주요

24 네이버 백과사전 http://blog.naver.com/nono6150?Redirect=Log&logNo=60024464094

재료로 삼았으며 궁궐이나 사찰, 지배층들의 주택에는 기와를 주요 재료로 삼는 등 사회적 신분과 경제적 지위에 따라 점차 가옥의 구조나 형태에 차별이 생겨났다

집을 짓는 택지로는 뒤쪽으로는 산이나 구릉을 두고 앞쪽으로는 강이나 시내를 두는 배산임수(背山臨水)[25]의 형태를 가장 선호하였다. 이러한 택지의 선정은 북쪽에 산을 두어 찬 바람을 막고 풍부한 연료를 공급받았으며, 남쪽에는 물을 두어 농사짓기에 편리한 장소를 선호한 것으로 자연스럽게 인간이 생활하는데 편리한 장소를 찾아낸 것이었으며 동시에 기후와 풍토, 땅과 물 등의 자연 지형과 인간의 운명을 대응시키는 풍수지리설[26]에 따른 것이기도 하다.

이처럼 자연환경과 조화를 이루며 생활환경을 가꾸는 특성을 가지고 있던 한국의 주거형태는 1900년대 이후 서양문물의 유입으로 급속하게 파괴되어 갔다. 여기에 1950년의 전쟁으로 인한 국토의 파괴와 재건과정, 1970년대의 후생주택사업과 새마을운동으로 인한 서양식 주거형태로의 변화, 1980년대 이후 본격적으로 시작된 아파트의 보편화 등으로 한국의 주거형태는 크게 변화하였다.

---

25 풍수지리설에서 택지(宅地)를 정할 때 가장 이상적으로 여기는 배치로, 집을 지을 때는 뒤에 산이나 언덕이 있고, 앞에는 강이나 개울·연못·논 등 물이 있어야 함을 일컫는다. 전통 풍수에서 집 뒤의 산은 집에 생기를 불어넣는 지맥이 있는 곳이다. 지맥은 산을 따라 흘러 내려와 집에 생기를 불어넣는데, 집 뒤에 산이 없으면 산천의 생기가 집으로 전해지지 않는다. 이는 생기가 바람을 만나면 흩어지고, 물을 만나면 멈추기 때문이다. 따라서 집 뒤의 산은 바람을 막아주고 집으로 들어온 생기를 보호하는 역할을 한다. 또 집 앞의 물은 산으로부터 흘러온 땅의 기운이 모이는 곳으로, 땅의 기운이 더 이상 앞으로 나아가지 못하도록 막아주는 역할을 한다. 더욱이 산의 기운인 음(陰)과 물의 기운인 양(陽)이 서로 합해지는 곳으로, 산천의 생기를 북돋우어 만물이 잘 자라도록 한다. 이 때문에 풍수설에서는 배산임수를 양택(良宅)풍수라 하여 양기풍수(마을이나 도읍 터)·음택풍수(묘지)와 함께 가장 중요한 풍수의 원칙으로 여긴다. 배산임수의 원칙에는 과학적 요소가 스며 있어 풍수뿐 아니라, 한국의 전통 촌락에서도 대부분 배산임수의 원칙을 따르고 있다. 실제로 전통 촌락 대부분은 뒤에 산이 있고, 앞에 하천이 흐르는 곳에 모여 있다. 이는 산에서 땔감이나 산나물을 얻고, 하천을 이용해 농사를 지을 수 있기 때문이다. 따라서 배산임수를 단순히 풍수 용어로 한정하기보다는 자연환경과 조화를 이룬 과학적 택지 요건으로 보는 사람들이 많다.
26 약칭 풍수설·지리설이라고도 한다. 도성(都城)·사찰(寺刹)·주거(住居)·분묘(墳墓) 등을 축조(築造)하는 데 있어 재화(災禍)를 물리치고 행복을 가져오는 지상(地相)을 판단하려는 이론으로, 이것을 감여(堪輿 : 堪은 天道, 輿는 地道), 또는 지리(地理)라고도 한다

❸ 거주지로서의 전주

① 삼국시대

삼국시대의 주거 형태

조선시대의 주거 형태[28]

전주에 언제부터 사람이 거주하기 시작하였는지는 확실치 않으나 역사적으로 전주가 지방통치의 거점으로 자리 잡기 시작한 것은 9주5소경(九州五小京)[27]을 중심으로 한 지방제도 정비과정에서 완산주(完山州)가 설치된 신문왕 5년 이후의 일이다. 후삼국시대에 들어서서 후백제 견훤의 도읍지로 융성기를 맞았으며 고려시대 이후 지금까지 지방행정의 중심지로서 중요한 위상을 지니고 있다.

특히 전주 이씨에 의해 조선왕조가 창건됨에 따라 전주는 조선왕조의 뿌리가 되는 지역으로 위상이 높아졌으며 호남을 통치하는 전라감영이 설치되어 전라도 제일의 도시가 되었다.

전주 시가지는 노령산맥으로부터 파생된 지맥으로 동·서·남방의 삼면이 산지와 구릉지로 둘러쌓이고 북방이 평야지대를 이루는 분지형에 위치해 있어 도심 주변에 크고 작은 산들이 정겹게 도시를 감싸고 있다. 또 전주에는 전주천과 삼천천이라는 두 개의 큰 물줄기가 시가지를 감싸면서

---

27 통일신라시대의 전국행정구역. 전국을 9주(州)와 5소경(小京)으로 구획(區劃)한 것을 말한다. 신라는 백제·고구려를 정복한 후 잔존해 있던 당나라세력을 구축(驅逐)하여 통일사업을 완전히 이룩한 다음, 수대(數代)에 걸친 작업 끝에 685년(신문왕 5년) 전국의 행정구역을 9주 5소경으로 재조직하였다. 전국을 9주로 나누고, 주 밑에 군(郡)·현(縣)을 두어 조직을 계통화하였으며, 주에는 총관(摠官 : 후에 都督으로 개칭), 군에는 수(守), 현에는 영(令)을 두어 각각 그 수장(首長)으로 하였다. 또한 수도 경주에서 멀리 떨어진 지역의 지배를 위하여 소백산맥 외곽지역에 4소경(남원경, 북원경, 중원경, 서원경)을 배치하고, 김해지역의 금관경(金官京)과 합하여 5소경이라 하였

흐르고 있으며 맑은 물이 충분히 공급되는 지역이었다. 이처럼 완만한 구릉지들이 찬 기운을 막아 온화한 기온을 유지할 수 있게 했으며 도심을 흐르는 맑은 물이 풍부하여 일찍부터 많은 사람들이 편안한 거주생활을 할 수 있었다.

② 조선시대 이후

조선시대 전주는 전라감영[29]과 전주부영[30]을 중심으로 성을 쌓아 성내에는 주로 행정을 담당하는 이속들이 주로 거주하였고, 일반 백성들은 성 밖에 주로 살았다. 성안에는 대략 300호의 아전들이 기거하였으며 관아를 제외하고는 대개 초가집에 거주하였다. 일제 강점기에 이르러 일본인들에 의해 도로가 건설되면서 전주성은 무너졌고 서서히 오늘날과 같은 모습의 도시로 변모하기 시작하였다.

다. 소경의 장(長)은 사신(仕臣) 또는 사대(仕大)라 하였으며, 경주를 따라 소경마다 6부(部)를 두어 왕이 순주(巡駐)하였다.

28 삼국시대와 조선시대의 주거형태(자료원 http://hanok.jeonju.go.kr/Tradition)

29 전주는 전라감영이 있던 호남의 수부였다. 전주부성은 풍남문에서 객사를 향해 반듯하게 뚫린 주작대로 좌편으로 감영이 배치되고, 전주부영은 우편에 자리하여 좌감영(左監營), 우부영(右府營)의 도시구조를 이루었다. 전라감영의 전체 면적은 1만 2천평 정도 되었다. 전라감영은 현 전북도청 자리에 있었으며 그 중심 건물은 선화당(宣化堂)이다. 선화당은 전라감사가 정무를 보던 건물로서 객사 다음으로 그 규모가 커 5칸 집에 건평이 78평이었다. 조선 몰락 후 1921년 선화당을 비워둔 채 그 앞 대지에 새로 도청사를 건립하였는데 1951년 화재로 도청 본관과 함께 선화당도 소실되었다. 전주부성 지도를 통해 감영의 구조를 보면 감영의 정문 포정루(布政樓)는 남북 대로변에 위치하였는데 현재 도청 후문이 있는 자리다. 선화당 뒷편에는 감사 가족들이 사는 내아(內衙)가 있으며, 서북쪽으로 비켜서 감사 심부름꾼 급사들의 대기소인 통인청(通人聽)이 있었다. 포정루를 지나 좌편, 즉 선화당 중삼문 앞에는 아전들의 집무처인 작청(作廳)이 있었다. 선화당 좌편 끝자락 위쪽부터 보면 중앙에 진상하거나 감사가 먹을 약재를 다루는 심약당(審藥堂)과 법률을 다루는 검률당(檢律堂)이 있었다. 그리고 그 밑으로 진상청(進上廳)이 있는데, 이를 둘러싸고 종이를 만드는 지소(紙所)와 책을 찍는 인출방(印出房)이 배치되었다. 남쪽 방향으로 더 내려오면 진상할 부채를 만드는 선자청(扇子廳)이 매우 크게 자리하고 있었다. 전주가 한지와 부채의 고장임이 감영의 구조에서도 확인된다. 〈네이버 백과사전〉.
전북도청사 자리에 전라감영이 55년 만에 복원될 예정이다. 전라감영 복원은 다른 감영과는 달리 동학농민혁명과 밀접한 역사적 건물이 설치돼 있어서 역사적으로 큰 의미가 있다. 2020년까지 복원이 완료되면 전주가 조선건국의 발상지로서 위상을 찾는 것은 물론 풍남문과 전주객사, 경기전, 한옥마을과 어울려 전통도시로서의 면모를 갖추게 된다. 〈한국일보, 2006. 5. 7〉.

30 전주부를 관장하는 관아 전주부영(全州府營)의 면적은 7천여 평 정도였다. 그 중심 건물은 판관(부윤)의 집무처인 동헌(東軒)으로 현 중소기업은행자리에 있었다. 풍낙헌(豊樂憲)이라고 하는데 조선이 몰락한 후 전주군청으로 쓰이다가 1934년에 매각되어 구이면 덕천리(구 태실리)의 전주 유씨 제각으로 이전 건립되었다. 동헌 서편에 판관 가족들의 거처인 내아가 있었다. 현 산업은행 자리가 내아가 있던 곳이다. 내삼문 서쪽으로는 교방(敎坊)이 있어 관청을 드나드는 기생들에게 가무음곡을 가르쳤으며, 그 서편에는 재인들을 관장하는 장악청(掌樂廳)이 있었다.

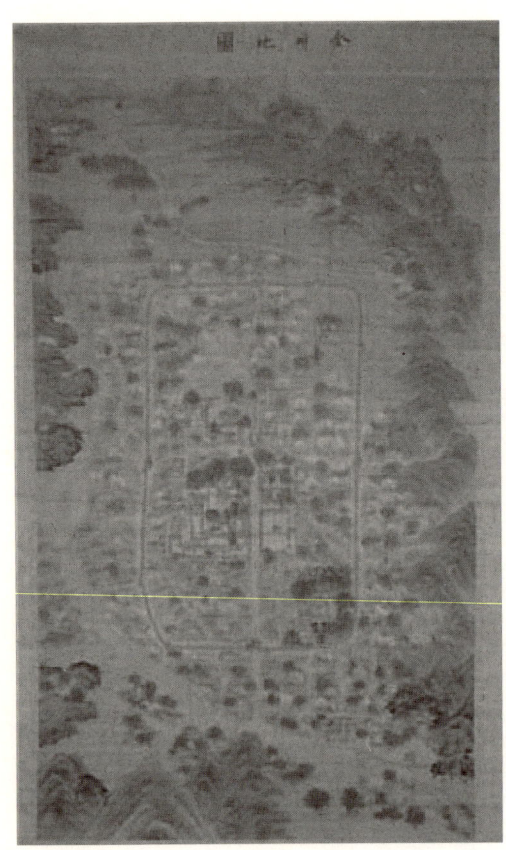

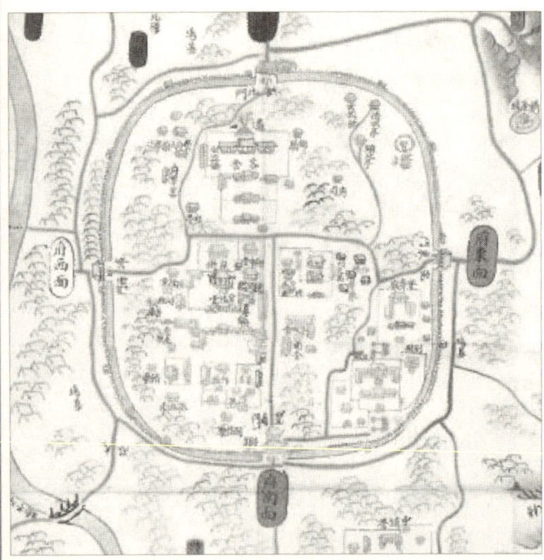

조선 조기 선주에 실치된 진라김영은 1896년끼지 전라 남·북도를 포함하여 제주도까지 통할하는 전라감영(監營) 〈한국일보, 2006. 5. 7〉

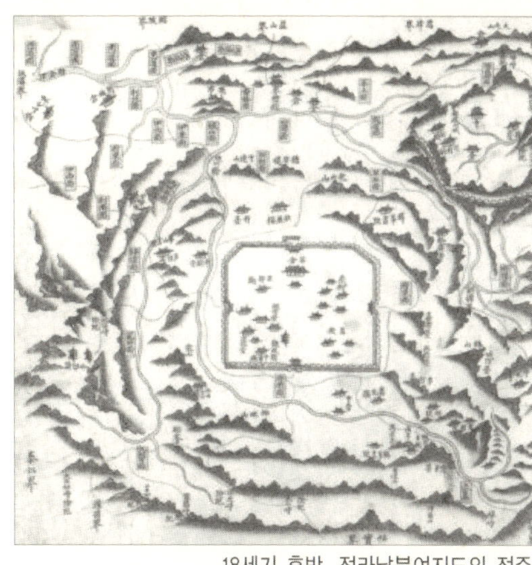

18세기 후반, 전라남북여지도의 전주

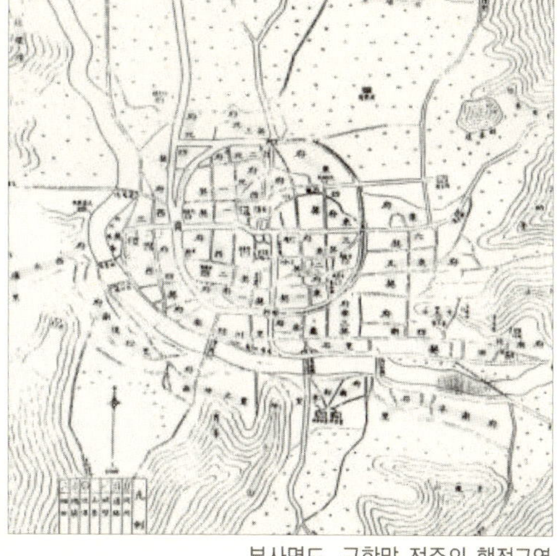

부사면도, 구한말 전주의 행정구역

성 밖에 살던 일본인들이 도심으로 진출하면서 도시 중심가에 상가 거리가 형성되기 시작하였고 일본사람들이 건설한 도로를 중심으로 새로운 집들이 들어서면서 도시가 확장되었다. 또 많은 일본인들이 지금의 한옥마을을 중심으로 거주하였는데 지금도 한옥마을 내에서 일본풍의 집들을 발견할 수 있다. 해방 후 한국전쟁의 여파로 전주로 피난 온 많은 피난민들이 눌러 앉으면서 도시 외곽에 거주지가 형성되었고, 1960년대 이후 본격적인 도시개발이 이루어짐으로써 대규모 인구유입이 이루어져 오늘에 이르고 있다.

1900년 전후 전주의 모습이다. 당시 전주의 인구는 10,000명이 채 안 되는 조용한 도시였다. 멀리 기린봉이 보이고, 좌측은 향교가 있는 교동부근이며, 우측의 인파가 있는 곳은 현 남문시장 자리이다(전주서문교회 제공).

1930년대의 전주 시가지 풍경으로, 왼쪽 끝의 문루가 풍남문이고, 중앙의 서양식 건물이 재무감독국이며, 그 오른쪽 끝에 경기전이 보인다(서문당 제공).

❹ 한옥에서의 생활

① 한옥의 장점

우리 민족이 전통적으로 선호하는 집의 방향은 남쪽을 바라보는 남향집이다. 집을 남쪽을 바라보게 지은 것은 추운 겨울에는 햇빛이 집안 구석구석까지 들어와 집을 덥혀주고, 여름에는 창머리에 머물다가 사라져 자연적으로 겨울엔 따뜻하고 여름엔 시원하게 집안 내 온도를 조절해주기 때문이다.

하지만 자연적으로 집안 내 온도를 조절하는데는 한계가 있기 때문에 겨울에는 아궁이에 불을 지펴 구들장을 데우고 이 열을 방안으로 전달하는 온돌구조를 통해 추위를 이겼으며, 여름에는 맞바람이 잘 통하게 설계한 마루나 대청에서 주로 생활하였다.

② 한옥에서의 생활

한옥의 방문은 대개 오른 손으로 밖으로 당겨 열게 되어 있었으며 방안으로 들어가기 위해서는 댓돌을 밟고 문턱을 넘어서거나 마루를 거쳐 방안으로 들어간다. 주로 일상생활은 방바닥에 앉아서 생활하는 좌식생활을 하였으며, 손님이 왔을 경우 사랑방에서 접대하였는데 주인은 아랫목에 자리를 잡았고 손님은 윗목에 앉았다.

일반 백성들의 집과는 달리 부유한 양반집에서는 '남녀칠세부동석'이라는 관념에 따라 성인남녀들이 마주치면 서로 얼굴을 피하였고, 심지어는 남편은 사랑방에서 주로 생활하고 아내는 안방에서 주로 생활하는 등 부부간에도 서로 함께 하는 시간이 적었다. 또 음식을 조리하는 부엌이나 여자들이 주로 기거하는 안채 등 부녀자들만의 전용 공간을 두어 남자들의 출입은 엄격히 금지하기도 하였다. 또 상류층에서는 같은 집에 기거한다 하더라도 신분에 따라서 주인 내외와 하인들이 별도의 공간에서 기거하도록 하는 등 신분별, 남녀별, 나이별로 공간을 분리하여 배치함으로써 엄격한 신분질서를 유지하였다.

(3) 한옥의 구조와 기능

❶ 안채

안채는 넓은 대청을 중심에 두고 안방과 건넌방을 배열, 당당한 규모의 건물로 높은 기단 위에 자리 잡고 있다.[31]

一자형 집으로 막돌을 쌓은 초석 위에 자리 잡고 있다. 왼쪽부터 온돌방, 대청, 안방, 부엌이 배치된다.[32]

---

31 문화재청 자료원 http://www.ocp.go.kr:9000/n_dasencgi
32 문화재청 자료원 http://www.ocp.go.kr:9000/n_dasencgi

안채는 대문으로부터 가장 안쪽인 북쪽에 위치하며 집안의 주인마님을 비롯한 여성들의 공간으로 보통 안방, 안대청, 건넌방, 부엌으로 구성된다. 여성들의 사회생활을 엄격히 제한하던 가부장적인 풍습의 영향으로 여성들이 남편이나 친척 이외의 외부의 남자들과 쉽게 마주칠 수 없도록 설계된 것이었다. 안채의 안방은 조선시대 상류 주택의 실내 공간 중에서도 상징적으로 가장 중요한 위치에 있어 남자들이 주로 거주하던 사랑채보다 약간 높은 곳에 위치하였다.

안채는 여성들이 주로 거주하던 공간인 만큼 출산, 임종 등 집안의 중요한 일이 이루어지는 공간이었다. 평상시에는 가족들의 의식주를 전담하는 공간으로 부유한 집의 안방에는 부녀자들이 사용하는 반짇고리와 의복과 침구류 보관을 위한 수납용 가구인 이층농이나 삼층장 같은 가구류가 놓였다.

❷ 사랑채

사랑채는 여자들이 주로 기거하던 안채와 달리 집안의 남자 어른이 주로 기거하는 남자들만의 공간이다. 사랑대청과 사랑방으로 구성된 사랑채는 외부 손님을 맞이하여 대화를 나누고 숙식을 제공하는 장소였는데 외부 손님이 집을 찾아오면 먼저 사랑방에 거처하는 집안 어른께 문안을 여쭙고 이야기를 나누는 것이 예의였다.

사랑채

사랑대청

[누마루] 높은 누대 위에 마루를 깐 것으로 대청마루와 연결되어 있다.[33]

부유한 집안의 경우는 사랑채를 독립된 건물로 지었지만 일반 서민의 집에서는 주로 대문 가까이에 있는 바깥쪽 방을 사랑방으로 정해 사용하였는데 이 방은 주인 남자의 사무실 겸 응접실 같은 기능을 하였다. 사랑방은 금욕적 유교생활을 지향하는 선비의식의 영향으로 매우 간소하게 꾸며진 장식의 가구나 옷을 담는 삼층장이나 의걸이장 같은 장롱, 귀중품을 담는 반닫이, 약을 보관하는 약장, 작은 책상, 책장, 방석, 문방소품 등을 생활용품으로 놓아두었다.

부유한 집안은 누마루를 설치하여 품위를 높이기도 하였다. 누마루는 마룻바닥 밑으로 바람이 통하도록 사방이 트인 노출공간으로 대청처럼 주변의 운치를 즐기는 공간으로 사용했다.

33 호진이의 한옥이야기 http://blog.naver.com/wkdal880?Redirect=Log&logNo=50013893480

❸ 사당채

우리 민족은 예부터 어른을 공경하고 조상을 숭배하는 의식이 높았다. 따라서 집안에 조상신의 위패를 모시는 별도의 의례공간인 '사당'을 두었는데 보통은 대문으로부터 가장 안쪽, 안채의 안대청 뒤쪽이나 사랑채 뒤쪽의 제일 높은 곳에 자리 잡았다. 대개의 중상류층 이상의 집에서는 가묘법[34]에 따라 주위에 담을 두르고 문을 따로 붙인 3칸의 사당을 두었는데 주위를 기화요초[35]로 꾸미고 단청을 입히는 경우도 적지 않았다.

사당을 둘 수 없는 집에서는 대청마루에 벽감[36]이라 하여 대청 뒤의 상부를 밖으로 내고 위패가 담긴 감실[37]을 모셨다. 사당에는 4대의 신위를 모시는데 서쪽부터 고조의 신위, 증조의 신위, 할아버지의 신위, 부모의 신위 순으로 모셨으며 각 위마다 그 앞에 탁자를 놓았고 향탁은 가장 높은 사람의 신위 앞에만 놓았다. 사당에는 조상이 살아 계신 듯

사당채[38]

---

34 가묘법(家廟法) : 옛날에 부모가 돌아가시어 이미 들에 장사했다면 우제를 지내 신을 편안하게 하고 묘를 지어 이를 제사드리는 것
35 기화요초(琪花瑤草) : 옥같이 고운 풀에 핀 구슬같이 아름다운 꽃
36 장식을 목적으로 두꺼운 벽면을 파서 만든 움푹한 대(臺)로, 보통 그 평면은 반원형, 윗부분은 반(半)돔형인 것이 많다.
37 사당 안에 신주(위패)를 모셔 두는 곳
38 문화재청 자료원 http://www.ocp.go.kr:9000, http://hanok.jeonju.go.kr/Tradition

이 여겼다. 집에 따라서는 매일 아침 사당에 인사를 올리고 음식을 차리기도 했으며 멀리 출타하는 주인은 나가기 전과 돌아온 뒤에 반드시 사당에 들러 조상들에게 알렸고, 관례를 올리는 등 중요한 가정사도 사당 앞에서 벌였다.

❹ 행랑채

행랑채[39]

신분제도가 엄격하게 유지되던 전통사회에서는 신분의 높고 낮음에 따라 기거하는 장소를 구분하였는데 경제적으로 여유가 있는 집에서는 집주인 내외가 주로 사용하는 안채와 사랑채와 구분하여 행랑채를 별도로 지어 하인들이 그 곳에서 숙식하게 하고 또 곡식 등을 저장해두는 창고로 쓰기도 하였다.

이처럼 아랫사람들이 주로 기거하던 행랑채는 주택의 규모에 따라 '바깥 행랑채'만 두기도 하였고 상류층에서는 '중문간 행랑채'까지 두기도 하였다. 바깥행랑채는 대문간에서 가장 가까운 곳에 위치하여 집안에서 가장 신분이 낮은 머슴들이 기거하는 공간이었으며, 중문간 행랑채는 주인내외의 일을 도맡아 보아주며 머슴들의 관

39 자료원 문화재청 http://www.ocp.go.kr:9000, http://hanok.jeonju.go.kr/Tradition

리하는 중간계층인 청지기가 기거하는 장소로 바깥 행랑채보다는 안채, 사랑채와의 거리가 가까운 곳에 두었다. 보통 행랑채를 안채나 사랑채와 구분하기 위하여 집안 내에 별도의 작은 담장을 세우거나 채를 분리하여 구획하였다.

❺ 부엌

부엌은 음식을 조리하는 공간으로 일부 대갓집에서는 반빗간[40]이라 하여 별채로 독립되어 있는 경우도 있지만 대개는 안채의 안방 옆에 붙어 있다. 부엌은 주택의 규모에 따라 건넌방에도 두는 경우가 있었는데 이럴 경우 안방과 접해 있는 부엌이 주된 조리 공간이었으며 건넌방에 접해있는 부엌은 보조적인 공간으로 이용하였다.

전통한옥의 부엌에는 불을 지필 수 있는 2~4개의 아궁이가 있었으며 불을 때는 아궁이 위 부뚜막에는 항상 솥을 걸어두었다. 아궁이는 음식물을 조리하면서도 동시에 방을 데우는 기능을 하도록 만들어졌다. 또 부엌에 음식을 조리하는 조리기구와 음식을 담는 식기, 음식을

보관하는 찬장, 물을 담아두는 물통, 불을 지피는 연료인 나무땔감 등을 준비해두었다.

❻ 찬방

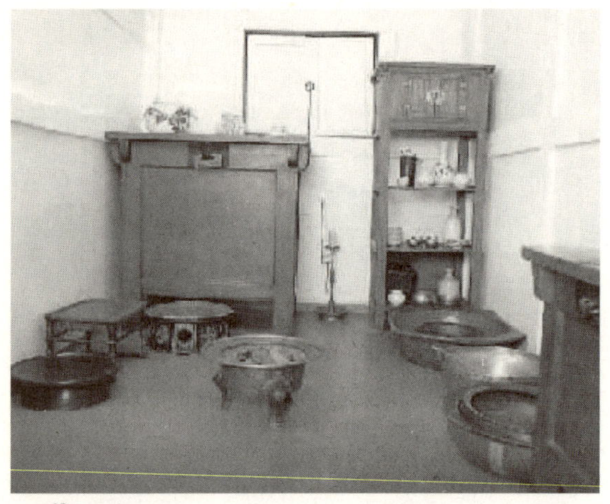

찬방[43]

찬방 또는 찬마루라고 불리는 이곳은 오늘날의 주택의 부엌방과 다용도실 정도에 해당하는 공간으로 반가나 중, 상류 지방의 가옥에서 볼 수 있는 부엌과 인접한 공간이다. 찬방은 부엌과는 문으로 연결되어 있는데 이곳에는 상을 차리는데 필요한 그릇이나 식기 등이 정리되어 있어 부엌에서 조리한 음식을 이곳에서 상에 찬모[41]나 찬비[42]가 올려 안방이나 사랑방 등으로 내갔다. 또 요리에 필요한 음식물이 보관되어 있어 이곳에서 직접 간단한 음식은 조리하기도 하였고 남은 음식물을 보관하는 장소로도 사용되어 오늘날의 다용도실과 같은 기능을 수행하였다.

---

41 찬모(饌母) : 남의 집에 고용되어 주로 반찬 만드는 일을 맡아 하는 여자
42 반빗아치 : 예전에, 반찬을 만드는 일을 맡아 하던 여자 하인(반빗 · 찬비(饌婢)).
　　동자아치 : 밥 짓는 일을 하는 여자 하인(찬비(爨婢)).
43 자료원 http://hanok.jeonju.go.kr/Tradition

❼ 별당채

규모가 있는 집안의 가옥에는 별당이 집의 뒤, 안채의 뒤쪽에 자리하고 있었으며 이용하는 사람에 따라 그 이름이 다르게 불렸다. 결혼 전의 딸들이 기거하는 별당은 '초당'이라 불렀다. 결혼 전의 남자 아이들의 글공부를 위해 '서당'이 따로 마련되어 있는 집도 있었다.

별당채[44]

❽ 곳간채

중상류층의 주택 중에서도 부유한 집안은 수십 칸 규모의 주택에서 살았다. '칸'수가 많은 전통주택에는 곳간채가 별도로 마련되어 있어 오래 저장해두어야 할 음식이나 여러가지 생활 용품들을 저장, 보관하였다.

44 자료원 네이버 이미지검색
http://imagesearch.naver.com/search.naver?where=idetail&query=%BA%B0%B4%E7%C3%A4&from=image&ac=-1&sort=0&res_fr=0&res_to=0&merge=0&start=1&a=pho_l&f=nx&r=1&u=http%3A%2F%2Fimagebingo.naver.com%2Falbum%2Fimage_view.htm%3Fuid%3Dmsw1000%26bno%3D4353%26nid%3D709
http://hanok.jeonju.go.kr/Tradition/TraditionContent.aspx?menuID=234&tabID=132&pageNo=2&boardID=225

곳간채[45]

❾ 장독대

장독대는 대개 부엌의 동쪽에 자리 잡았다. 장독대에는 음식의 가장 기본적인 재료가 되는 고추장이나 된장을 담은 독을 놓아 둔 곳으로 1년 내내 아주 중요하게 관리되는 곳이었다. 장독대에 담긴 음식재료들은 집안의 맛을 결정하며 모든 음식에 반드시 첨가되는 재료였으므로 집안 여인들의 정성이 가득 담긴 재료들이었다. 이 재료를 소중하게 보관하는

45 자료원 문화재청 http://www.ocp.go.kr:9000/, http://hanok.jeonju.go.kr/Tradition

것은 여자가 해야 할 매우 중요한 의무였으므로 장독대는 여자들에게는 매우 중요한 장소였다. 장독을 정결하게 간수하는 정도를 보고 주부의 부지런하고 게으름을 따지는 잣대로 삼았으며 살림에 열심인 주부는 아침 일찍 일어나 장독 닦는 것을 첫 일과로 삼을 정도였다.

장독대는 야생동물이나 집짐승으로부터 보호하기 위해서 높이 돈대[46]를 돋우어 만들었다. 또 음식이 쉬이 상하지 않도록 햇볕이 잘 들면서도 통풍이 잘되는 장소에 만들었다. 매년 정월 농악대들이 액막이굿[47]을 할 때는 독 속에 복을 가득 담기 위해서 집집마다 독 뚜껑을 열어 놓는 풍습도 있다.

❿ 방

방은 잠을 자고 식사를 하고 휴식을 취하는 개인적인 사생활 공간으로 우리 민족은 잠을 잘 때는 따뜻한 구들 방바닥위에 이부자리를 펴고 자고, 낮에는 방석에 앉아 지내는 생활을 하였기에 방은 항상 청결하게 관리하였다. 방의 내부는 모두 벽지나 천장지를 발랐으며 바닥은 장판지로 마감하였다.

방에는 다락이 설치된 경우가 많았다. 통상 다락[48]은 안방의 아랫목쪽 벽과 부엌에 면한 벽쪽에 방바닥에서 1.5척(45cm)되는 곳에 설치된 일종의 수납 공간이다. 이 다락에는 대개 꿀단지 같은 귀한 음식에서부터 가재도구 같은 살림살이에 필요한 잡다한 물건들을 보관하였다.

방은 자기 몸을 기준으로 크기를 정했는데 우리나라

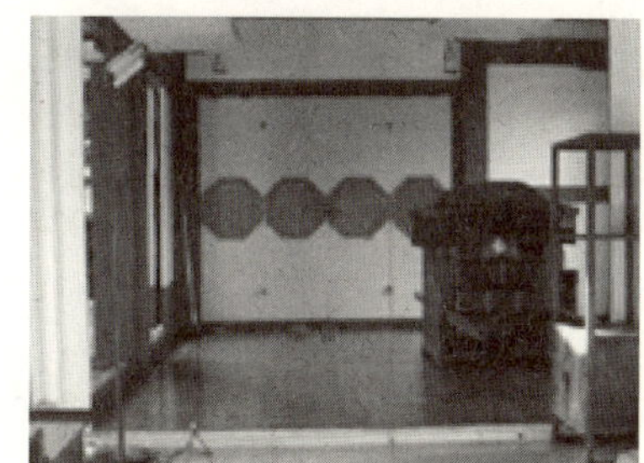

---

46 경사면을 절토(切土)하거나 성토(盛土)하여 얻어진 계단 모양의 평탄지를 옹벽(擁壁)으로 받친 부분
47 그해에 닥쳐올 액운을 막기 위하여 하는 굿. 흔히 음력 정월 대보름날 전에 한다.
48 다락은 주로 남방주거양식에서 그 기원을 찾을 수 있는데, 삼국시대부터 이미 다락이 목조건축양식에 도입된 것으로 보인다. 용도는 대개 해충이나 습기 등으로부터 물건을 안전하게 보관할 목적으로 이용되지만 방이나 침실로 이용되기도 한다.

방⁴⁹

방의 크기는 통상 한 변이 9척이었다. 가로, 세로 9척이 최소한의 면적이다. 부잣집에서는 방의 크기를 18척으로 늘리기도 했고 신분이 높은 사람들은 21척의 방에서 살기도 했다. 왕이 머무는 방은 그 크기가 27척인 경우도 있었다. 또 방의 높이는 통상 5척인 한국인 평균 키의 1.5배인 7.5척 정도였으며, 방에 난 창의 높이는 앉은 사람의 가슴팍이 닿을 높이인 1.8척(54cm) 정도로 맞추었다.

이처럼 방의 구조를 인체에 맞추었던 것은 방안의 사람이 안정감을 갖으며 사람의 기가 가장 잘 순환되는 구조로 만들기 위한 노력의 산물이었다.

⑪ 대청마루

대청마루

한옥의 마루에는 대청마루, 누마루, 툇마루, 쪽마루, 헌함이 있다. 그중에서 대청, 대청마루는 보통 가장 큰 마루로서 안채의 안방과 건넌방, 사랑채의 큰 방 앞에 있는 넓은 마루를 말하는데 여러 방을 연결하는 넓은 공간으로 오늘날의 집 개념으로는 거실에 해당하는 공간이다. 안채에 있는 대청을 안대청이라고 하였고 사랑채에 있는 대청을 사

49 자료원 http://hanok.jeonju.go.kr/Tradition

랑대청이라고 하였다.

대청의 구조를 보면, 마당에서 대청으로 오르기 위한 기단이 있고, 그 위에 댓돌이 있다. 댓돌에서 바로 올라서면 대청 앞쪽으로는 대개 앞 툇마루가 있다. 대청의 크기에 따라 기둥의 수가 다른데 보통 대청의 크기는 2칸에서 8칸까지 다양하다. 대청마루의 천장높이는 보통 10척 정도로 한국인 평균 신장의 두 배이다. 가능한 대청은 넓게 잡고 천장도 높게 하여 바람이 잘 통하고 공기순환도 잘 이루어져 인간이 내뿜는 기가 승하여 뻗칠 수 있도록 하였다. 마루에는 곡물을 담는 뒤주와 귀중품을 보관하는 궤짝이 놓여 있기도 하였다.

이 외에도 높은 누대 위에 마루를 깐 누마루가 있다. 이것은 대청마루랑 연결되어 있기도 하며, 보통 누마루에 돌란대[50]를 두르고 계자난간[51]을 사용하기도 한다.

누마루

계자(각)난간

---

50 돌란대(난간)를 순 우리말로는 '손스침'이라고 한한다. 사람이 손을 대고 서 있는 곳이란 뜻이다. 난간의 맨 위에 건너 대어 손스침이 되는 부재로서 단면은 원형, 팔각형, 육각형, 사각형으로 하며 쇠시리하여 쓰기도 한다(희란대).

51 '계자각(脚：다리각)'을 줄여서 '계자'라 한다. 그래서 닭다리 모양의 난간 기둥을 '계자각 난간', '계자난간'이라고 한다.
　계자각(鷄子脚)：한옥의 누마루나 대청 난간 중간 중간에 풀 무늬를 새겨서 세운 가늘고 짧은 동자기둥.
　계자난간(鷄子欄干)：계자각을 세운 난간(문화재청).

① 툇마루

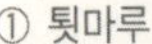

② 쪽마루

③ 헌함[52]

① 툇마루는 기둥 안에 길게 연결된 마루를 뜻하는데 보통 마루의 바깥쪽은 터 놓기도 하지만 창호를 달아서 현대의 건축물의 복도의 형식을 취하기도 한다.
② 쪽마루는 기둥 바깥에 평상을 붙여서 만든 마루를 뜻한다. 요즘엔 이 쪽마루를 이용하여 거실 탁자를 만들기도 한다.
③ 건너방이나 누각, 대청의 밖으로 돌아가며 놓은 작은 마루는 헌함이라고 한다.

52 호진이의 한옥이야기 http://blog.naver.com/wkdal880?Redirect=Log&logNo=50013893480

⑫ 지붕

　지붕은 집의 위쪽을 덮어 가리는 높은 부분으로 전통 한옥에서는 지붕이 차지하는 비중이 매우 컸다. 우리나라 전통 한옥에서 가장 흔하게 사용된 지붕의 재료는 볏짚, 나무껍질, 기와 등이다. 볏짚은 사용하여 지붕을 만든 경우를 초가집이라 하였고, 나무껍질을 사용한 경우를 너와집, 그리고 기와를 사용한 집을 기와집이라 하였는데 기와집은 상류층의 사람들이 사는 집이었고 대개는 초가집이나 너와집을 짓고 살았다. 농촌에서는 초가집이 많았으며 산골에서는 너와집이 많았다.[53]

초가집

53 초가집, 너와집, 기와집(네이버 이미지검색).

너와집

기와집

54 지붕의 완각이 잘려진 지붕. 가장 간단한 지붕형식이며, 지붕면이 양면으로 경사를 지어 책을 반쯤 펴놓은 ∧자형으로 되었다. 정면에서 보면 장방형의 지붕면이 보이며, 측면에서는 지붕면 테두리(내림마루)가 보일 뿐이다. 맞배지붕은 측면 가구(架構)가 노출되므로 측면관(側面觀)이 중요하게 여겨졌다.

55 네 개의 추녀마루가 동마루에 몰려 붙은 지붕.

56 한식(韓式) 가옥의 지붕 구조. 합각(合閣)지붕·팔작집이라고도 한다. 지붕 위까지 박공이 달려 용마루 부분이 삼각형의 벽을 이루고 처마 끝은 우진각지붕과 같다. 맞배지붕과 함께 한식 가옥에 가장 많이 쓰는 지붕의 형태이다.

57 전각(殿閣)·문루(門樓) 등 전통건축의 용마루 양쪽 끝머리에 얹는 상징적인 장식물.

기와로 지붕을 만드는 경우 구조에 따라 맞배지붕,[54] 우진각지붕,[55] 팔작지붕[56] 등이 있었는데 이러한 지붕들은 집의 규모를 크게 보이게 하였으며 웅장하게 보이게 하였다. 기와집을 짓고 사는 사람들은 지붕에도 여러 모양의 장식을 새긴 상징물을 만들어 얹거나 부착하였는데 취두,[57] 용두, 잡상[58] 등을 두었고 귀신 얼굴 모양의 그림을 그린 기와 등으로 장식하여 외부의 나쁜 기운의 접근을 막고자 하였으며 또 거북이나 용 모양의 목각을 달아 화재에 대한 염려를 덜기도 하였다. 이처럼 지붕은 집의 가장 높은 부부이었기 때문에 지붕에 잡귀를 지키는 지킴이를 둘 정도로 신성한 공간으로 여겼다.

맞배지붕[59]

우진각지붕[60]

---

58 궁전이나 전각의 지붕 위 네 귀에 여러 가지 신상(神像)을 새겨 얹는 장식 기와.

59 자료원 네이버 이미지검색
http://imagesearch.naver.com/search.naver?where=idetail&query=%B8%C2%B9%E8%C1%F6%BA%D8&from=image&ac=-1&sort=0&res_fr=0&res_to=0&merge=0&start=8&a=pho_l&f=tab&r=8&u=http%3A%2F%2Fimagebingo.naver.com%2Falbum%2Fimage_view.htm%3Fuid%3Denujyee%26bno%3D16000%26nid%3D3874

60 자료원 네이버 이미지검색
http://imagesearch.naver.com/search.naver?where=idetail&query=%BF%EC%C1%F8%B0%A2%C1%F6%BA%D8&from=image&ac=-1&sort=0&res_fr=0&res_to=0&merge=0&start=1&a=pho_l&f=nx&r=1&u=http%3A%2F%2Fimagebingo.naver.com%2Falbum%2Fimage_view.htm%3Fu id%3Dkgd1226%26bno%3D30690%26nid%3D14415

팔작지붕[61]

용두[62]

잡상

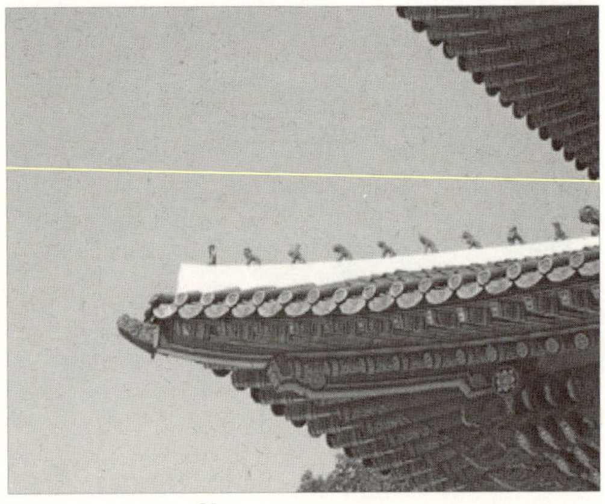

창덕궁 인정전 잡상[63]

61 http://imagesearch.naver.com/search.naver?where=idetail&query=%C6%C8%C0%DB%C1%F6%BA%D8&from=image&ac=-1&sort=0&res_fr
=0&res_to=&merge=0&start=1&a=pho_l&f=nx&r=1&u=http%3A%2F%2Fimagebingo.naver.com%2Falbum%2Fimage_view.htm%3Fuid%3Dpul
ndanbi%26bno%3D22552%26nid%3D4313

62 http://imagesearch.naver.com/search.naver?where=idetail&query=%BF%EB%B5%CE&from=image&ac=-1&sort=0&res_fr=0&res_to=0&me
rge=0&start=4&a=pho_l&f=nx&r=4&u=http%3A%2F%2F100.naver.com%2F100.nhn%3Ftype%3Dimage%26media_id%3D53573%26docid%3D
29351

지붕마루의 끝을 장식하는 것으로 용두라고 하며 입을 벌리고 있는 형태가 대부분이다. 지붕의 용두는 화재를 막아 준다는 믿음과 용이 갖는 위엄을 나타낸다.[64]

지붕의 끝을 장식하는 망새기와의 하나로 망와기와이며 암기와와 비슷하며 용마루나 추녀마루에 설치한다.[65]

⑬ 담

우리의 전통 집에서 담[66]은 집안과 밖의 경계로서의 의미를 가졌을 뿐 외부인의 접근을 막기 위한 것이 아니었으므로 담을 높게 쌓지 않고 나지막하게 쌓았다. 고관대작들의 집은 담장이 눈높이로 쌓아지기도 하였으나 일반 서민의 경우에는 지나가는 사람들이 담 너머로 집안의 풍경을 들여다 볼 수 있을 만큼 나지막하게 쌓아서 외부세계와 엄격히 차단하려는 것이 담의 기능이 아니었음을 알 수 있다.

63 http://imagesearch.naver.com/search.naver?where=idetail&query=%C3%A2%B4%F6%B1%C3%20%C0%CE%C1%A4%C0%FC%20%C0%E2%BB%F3&from=image&ac=−1&sort=0&res_fr=0&res_to=0&merge=0&start=1&a=pho_l&f=nx&r=1&u=http%3A%2F%2Fimagebingo.naver.com%2Falbum%2Fimage_view.htm%3Fuid%3Dkimdoc2%26bno%3D20765%26nid%3D4375

64 http://imagesearch.naver.com/search.naver?where=idetail&query=%BF%EB%B5%CE%B1%E2%BF%CD&from=image&ac=−1&sort=0&res_fr=0&res_to=0&merge=0&start=1&a=pho_l&f=nx&r=1&u=http%3A%2F%2F100.naver.com%2F100.nhn%3Ftype%3Dimage%26media_id%3D53573%26docid%3D29351

65 http://imagesearch.naver.com/search.naver?where=idetail&query=%B8%C1%BF%CD&from=image&ac=−1&sort=0&res_fr=0&res_to=0&merge=0&star=1&a=pho_l&f=nx&r=1&u=http%3A%2F%2F100.naver.com%2F100.nhn%3Ftype%3Dimage%26media_id%3D53572%26docid%3D29351

담장의 주 재료는 흙과 돌을 주로 사용하였으며 부자들의 집은 담장에도 기와를 얹었으며 담장에 특별한 무늬나 문양을 새겨 넣는 경우도 있었다. 이런 문양이나 무늬는 대개 요란한 장식을 하지는 않았고 풍요와 행복을 기원하는 의미로 은은하고 품위 있는 장식적 효과를 가져와 골목길의 풍경을 그윽하게 자아내었다.

66 담의 이미지
  http://hanok.jeonju.go.kr/Tradition/TraditionContent.aspx?menuID=234&tabID=132&pageNo=1&boardID=231
67 널빤지로 만든 문
68 문짝의 틀에 널빤지를 끼워서 만든 문
69 주택의 다락문, 두껍닫이, 두껍닫이 속의 덧문에 주로 이용하는 문. 샛장지, 갑창 따위의 둘레에 테를 남기고 안쪽을 종이로 두껍게 발라 만든다.

초가집으로 이루어진 민가에는 특별히 담장이나 대문이라고 할 만한 것이 없는 경우도 많았다. 그저 집 주변으로 싸리나무를 심어 집안과 밖의 경계로 삼는 경우가 흔했으며 대문을 달지 않거나 사립문이 있다 하더라도 늘 열어 놓고 살아 집안과 밖의 공간을 차단하지 않고 살았다.

⑭ 문

전통 한옥에서 문은 사람만 출입하는 것이 아니라 혼령, 복, 액운도 출입한다고 여겨 매우 중요시하였다. 문은 위치나 용도에 따라 구성과 모양이 각각 달랐다. 문은 재료와 기능, 모양에 따라 판장문,[67] 골판문,[68] 맹장지문, 도듬문,[69] 불발기문, 장지문,[70] 분합문,[71] 두껍닫이문 등 여러 종류의 문이 있었으며 위치에 따라서도 대문, 중문, 협문, 정문, 후문, 측문, 주문, 삼문 등 여러 종류가 있었다. 부엌이나 곳간의 출입문이나 대청 뒷면의 문은 판장문과 같은 두

---

70 연이어 있는 방 또는 방과 마루 사이에 있는 미세기 문. 장지문(障紙門) 혹은 장자문(障子門)이라고도 한다. 한옥에서 주로 안방이나 사랑방 같은 큰 방이나 연이어 있는 방을 다양하게 쓰기 위해 둘로 나눌 때, 혹은 방과 마루 사이에 많이 설치한다. 그래서 집안에 큰 행사가 있거나 하여 필요할 때 두 공간을 터서 넓게 사용할 수 있다.

71 한옥의 대청 앞쪽 전체에 드리는 긴 창살문. 분합이라고도 한다. 겉창과 같으나 아래쪽에 통널 조각을 대고, 흔히 4쪽문[四扇門]으로 만든다. 대개 고옥의 사당(祠堂) 정면에는 분합문을 달아 제례 때는 활짝 열어놓는다.

꺼운 문을 설치하였으며 대청에는 들어 열개문을 설치하였다.

대청뒷면이나 부엌의 출입문으로는 판장문이라 불리는 두꺼운 문을 주로 설치했다.[72]

분합문[73]

72 자료원 http://cafe.naver.com/interiormodelhouse.cafe?iframe_url=/ArticleRead.nhn%3Farticleid=89
73 자료원 http://www.s-ss.net/naepo/place/house-3.htm

　보통 문은 이중문으로 하였으며 바깥쪽의 것을 덧문이라고 했는데 덧문은 추위를 막거나 외부인의 침입을 막는 용도로 사용되었다. 방과 방 사이에는 샛장지[74]를 설치하였는데 때로는 갑장지문[75]을 쓰기도 하였다. 이러한 장지문들에는 채광을 고려하여 창호지를 발랐는데, 문살은 완자살과 아자살이 대부분이고 문살을 세밀하게 나눈 세살문은 모두 쌍여닫이, 미닫이 형식으로 되어 있다.

　지역에 따라서 문살의 밀도가 달랐는데 북쪽 지방으로 갈수록 문살의 밀도가 낮은 정자문살을 주로 사용하였고, 남쪽지방으로 갈수록 문살의 밀도가 높은 창살을 사용하였다. 이는 북쪽지방에서는 햇빛이 비치는 시간이나 양이 적었기 때문에 조금이라도 많은 햇볕을 방안으로 받아들이기 위해서 창살의 숫자를 줄였던 것이며 남쪽지방은 이와 반대로 햇볕의 양을 줄이기 위해서 창살의 숫자를 많게 하였던 것이다.

완자살 무늬

문[76]

74 방과 방 사이를 칸막이한 장지
75 장지문의 덧문으로, 문살 안팎에 종이를 아무렇게나 바른 문
76 자료원 http://hanok.jeonju.go.kr/Tradition

⓯ 창

창

창은 문과 같은 형식이지만 출입구로 사용하지는 않았으며 크기도 문보다 작았다. 창은 채광이나 통풍이 주목적이었으므로 홑창호지를 바르는 경우가 대부분이었다. 창은 바깥쪽으로는 두꺼운 나무를 사용하였으며 얇은 나무로 창살을 만들었는데 창살의 문양은 종류가 다양하였다. 고급 주택에서는 일반적인 사각형의 창 외에 원모양의 원창, 반달모양의 반월창 등을 사용하기도 하였다.

이외에도 창은 그 모양과 기능에 따라 봉창,[77] 화창,[78] 광창,[79] 교창,[80] 눈곱재기창, 살창,[81] 갑창[82] 등이 있었으며 창살위에 창호지를 발라 만들었다.

⓰ 창호지

우리나라의 전통 한옥에서 문과 창문은 여러 가지 모양의 나무 창살을 만든 후 그 위에 한지를 발라 만들었다. 이때 사용된 한지를 창호지라고 한다. 한지는 투명한 유리와 달리 햇볕을 그대로 통과시키지 않았으므로 강렬한 빛 대신 온화하고 은은한 빛을 방안으로 받아들여 방안의 분위기를 차분하고 아늑하게 만들어주었다.

또 한지로 만든 창호지는 유리처럼 공기를 차단하지 않았으므로 실내외의 공기를 조금씩

---

77 창호지로 바른 창.
78 불창(─窓).
79 햇빛이나 햇볕을 들이기 위하여 낸 창.
80 분합(分閤) 위에 가로로 길게 짜서 끼우는 채광창.
81 가는 나무나 쇠 오리로 살을 대어 만든 창. 살창문·전창(箭窓)
82 추위나 밝은 빛을 막으려고 안팎으로 두껍게 종이를 발라 미닫이 안쪽에 덧끼우는 미닫이.

순환시켜주어 자연스럽게 방안의 탁한 공기와 외부의 신선한 공기를 교환시켜주는 환풍구로서의 기능도 해주었다.

이처럼 창호지는 채광과 통풍을 자연스럽게 해내는 기능을 하였으므로 뜨거운 구들바닥으로 인해서 건조해지기 쉬운 방안 공기의 온도와 습도를 항시 적당하게 유지시켜 주어 쾌적한 공간을 만드는 효과를 가져다주었다.

나무창호지[83]

창호지[84]

⑰ 온돌

온돌은 우리 민족이 개발한 고유한 난방구조이다. 우리나라는 지형 상 사계절의 변화가 뚜렷하여 여름에는 무덥고 겨울에는 몹시 추웠기 때문에 안락한 생활을 하기 위해서는 집을 지을 때 계절에 따른 온도 변화를 민감하게 고려해야만 하였다. 그래서 개발된 것이 여름을 시

83 자료원 http://hanok.jeonju.go.kr/Tradition

84 자료원
http://imagesearch.naver.com/search.naver?where=idetail&query=%C3%A2%C8%A3%C1%F6&from=image&ac=-1&sort=0&res_fr=0&res_to=0&merge0=&start=48&a=pho_l&f=tab&r=18&u=http%3A%2F%2Fimagebingo.naver.com%2Falbum%2Fimage_view.htm%3Fuid%3Dhikall%26bno%3D11645%26nid%3D7649

원하게 보낼 수 있는 마루(대청)와 겨울을 따뜻하게 보낼 수 있는 온돌이었는데 이 두 가지 발명품이 한 집에 공존하게 집의 구조를 설계함으로써 더위와 추위를 이겨낼 수 있는 집을 만들어 내었다.

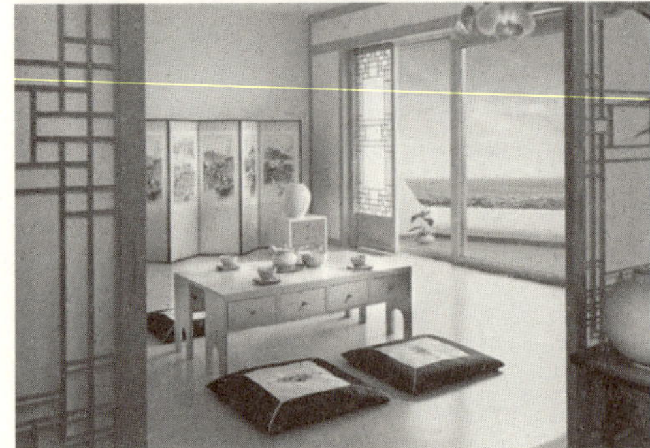

온돌[85]

85 자료원 http://image.search.naver.com/search.naver?where=image&query=%BF%C2%B5%B9

　온돌은 열의 전도와 복사, 대류를 이용하는 매우 현명한 난방 방식이다. 먼저 아궁이에 장작이나 나뭇잎 등을 주 연료로 하여 불을 지펴 방바닥의 구들장을 데우고 이 구들장의 열기가 방안의 공기를 데우는 방식으로 이루어진 난방체계이다. 또 아궁이는 방바닥으로 열기를 전하는 통로와 불기를 조절하고 불을 때는 과정에서 생기는 연기를 집밖으로 배출시키는 굴뚝 통로가 연결되어 있었다. 이처럼 온돌구조는 크게 아궁이, 축열장소, 굴뚝으로 구성되어 있다. 아궁이는 보통 취사겸용과 전용으로 구분되어 있었는데 취사를 위해 불을 때고 남은 열을 이용하여 방바닥을 데울 수 있도록 설계되어 있었으며 취사가 아니라도 불을 땔 때는 커다란 물솥을 올려놓아 효율적으로 열 관리를 하였다.

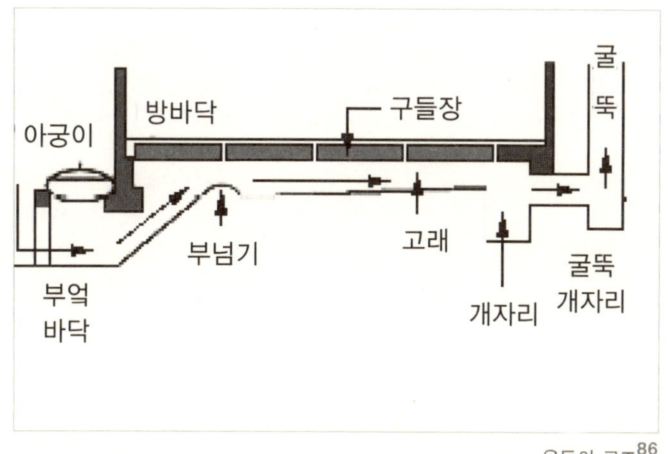

온돌의 구조[86]

남쪽지방은 북쪽보다 따뜻하기 때문에 아궁이에서 온 열이 굴뚝으로 쉽게 빠져 나갈 수 있게 아예 굴뚝이 없는 경우도 있다.[87]

북쪽지방은 조금이라도 따뜻한 열을 지녀야 하기 때문에 굴뚝을 높게 만들어 열도 보호하고 바람이 고래 안으로 들어오는 것을 막았다.[88]

87 자료원 http://blog.naver.com/lucky2640?Redirect=Log&logNo=3001114905 7
88 자료원 http://blog.naver.com/lucky2640?Redirect=Log&logNo=30011149057

3. 전주한옥마을

(1) 온고을 전주

전주시는 전라북도 중앙부에 위치한 시이다. 주변은 대부분 완주군으로 둘러싸여 있고, 서쪽의 일부와 서남쪽의 일부만이 김제군과 접하고 있는 지역이다. 전주는 후백제의 왕도이자 조선왕조의 발상지이다. 그리고 조선조에 들어와 전라도를 통할하는 전라감영의 소재지로서 명실공히 전라도의 행정중심지 역할을 담당한다.

연대별로 살펴본 전주 역사

삼한	마한의 영토
삼국	백제의 영토로 완산(完山)이라 불림
668년(신라 문무왕 8년)	명덕화상이 남고사(남고사) 창건
685년(신라 신문왕 5년)	완산주(完山州) 설치. 이때부터 전라북도 행정중심지로 발전
757년(신라 경덕왕 16년)	완산주를 전주(全州)라 개칭. 지방행정의 중심지뿐만 아니라 군사 중심지가 됨
892년(신라 진성여왕 6년)	견훤이 도읍하여 후백제를 칭함
936년(고려 태조 19년)	왕건이 후백제를 멸하고 안남도호부를 설치. 4년뒤 전주로 개칭
983년(고려 성종 2년)	전주목(全州牧)을 설치. 지방관 파견과 함께 경학박사와 의학 박사가 파견되어 지방의 문화도시로 성장
993년(고려 성종 12년)	승화절도안무사(承化節度安撫使)를 설치
995년(고려 성종 14년)	순의군(順義軍)으로 개칭하여 강남도(江南道)에 소속
1005년(고려 목종 8년)	전주절도사 파견
1012년(고려 현종 3년)	거란침입 때 왕이 나주로 파천하였다가 개경으로 돌아갈 때 7일간 머무름
1182년(고려 명종 12년)	전주성 죽동(竹洞)을 중심으로 관노들의 반란 발생.
1355년(고려 공민왕 4년)	전라도안렴사 정지상(鄭之祥)이 원나라의 사신을 감금시킴. 부곡으로 강등
1356년(고려 공민왕 5년)	완산부로 환원
1380년(고려 우왕 6년)	이성계가 황산(荒山)에서 왜구를 토벌하고 돌아가던 중 오목대(梧木臺)에서 승전을 자축하는 축하연을 베풂

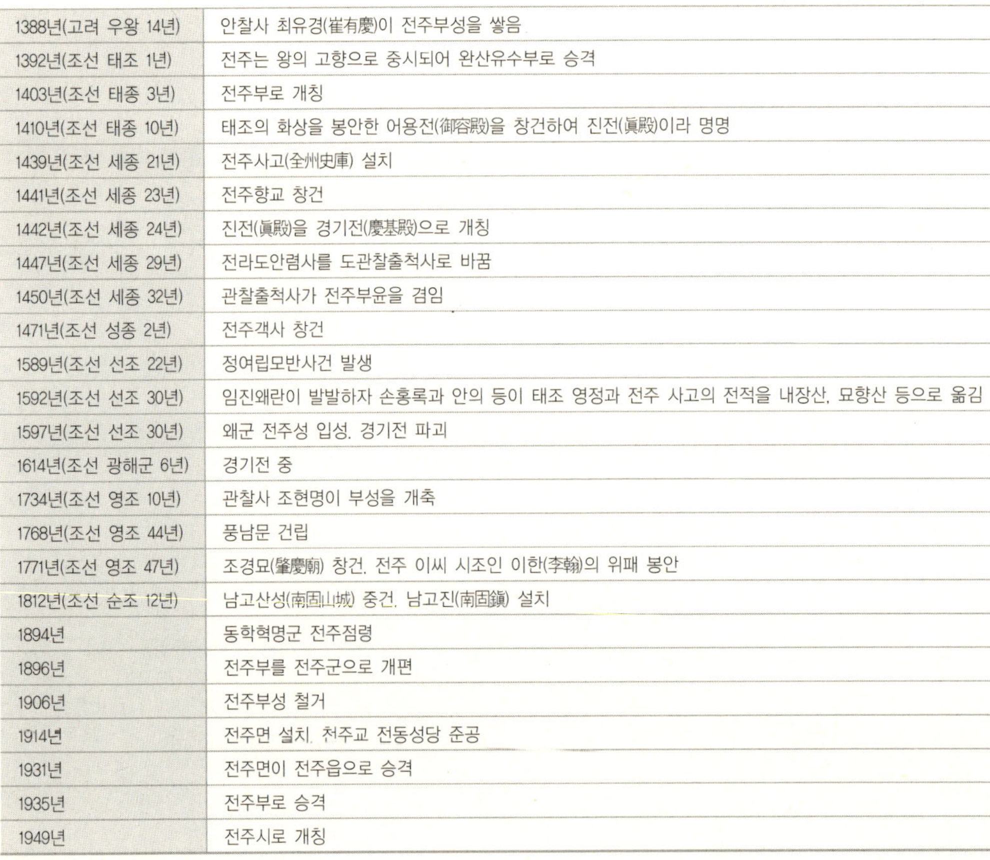

1388년(고려 우왕 14년)	안찰사 최유경(崔有慶)이 전주부성을 쌓음
1392년(조선 태조 1년)	전주는 왕의 고향으로 중시되어 완산유수부로 승격
1403년(조선 태종 3년)	전주부로 개칭
1410년(조선 태종 10년)	태조의 화상을 봉안한 어용전(御容殿)을 창건하여 진전(眞殿)이라 명명
1439년(조선 세종 21년)	전주사고(全州史庫) 설치
1441년(조선 세종 23년)	전주향교 창건
1442년(조선 세종 24년)	진전(眞殿)을 경기전(慶基殿)으로 개칭
1447년(조선 세종 29년)	전라도안렴사를 도관찰출척사로 바꿈
1450년(조선 세종 32년)	관찰출척사가 전주부윤을 겸임
1471년(조선 성종 2년)	전주객사 창건
1589년(조선 선조 22년)	정여립모반사건 발생
1592년(조선 선조 30년)	임진왜란이 발발하자 손홍록과 안의 등이 태조 영정과 전주 사고의 전적을 내장산, 묘향산 등으로 옮김
1597년(조선 선조 30년)	왜군 전주성 입성. 경기전 파괴
1614년(조선 광해군 6년)	경기전 중건
1734년(조선 영조 10년)	관찰사 조현명이 부성을 개축
1768년(조선 영조 44년)	풍남문 건립
1771년(조선 영조 47년)	조경묘(肇慶廟) 창건. 전주 이씨 시조인 이한(李翰)의 위패 봉안
1812년(조선 순조 12년)	남고산성(南固山城) 중건. 남고진(南固鎭) 설치
1894년	동학혁명군 전주점령
1896년	전주부를 전주군으로 개편
1906년	전주부성 철거
1914년	전주면 설치. 천주교 전동성당 준공
1931년	전주면이 전주읍으로 승격
1935년	전주부로 승격
1949년	전주시로 개칭

(2) 전주한옥마을

전주는 천년고도 왕조문화의 뿌리를 간직한 도시다. 전주한옥마을은 우리나라에서 유일하게 도심 속에 잘 보존된 약 700여 채의 한옥들이 군락을 이루고 있는 곳으로 도시한옥의 역사를 만날 수 있는 곳이다. 현재 도시형 한옥군은 서울, 대구, 경주 등에도 있으나 전주의 교동, 풍남동 일대에 형성되어 있는 도시한옥군은 지구형상, 건물형태 및 구조, 골목길 등이 양호한 상태로 보전되어 있는 유일한 지역이며 그 규모도 가장 크다.

한옥마을의 전경[89]

전주한옥마을을 이루는 집들은 일제하에서부터 산업사회로 급속히 진행하던 1970년대까지 꾸준히 지어진 집들이 대부분이며 대부분의 집들이 1970년대부터 각종 규제에 묶여 개보수 없이 그대로 보존되어 도시발달 과정에서 발생된 우리나라 주거문화 발달과정을 시간적으로 관찰할 수 있는 중요한 역사적 공간으로서의 의미와 가치를 가지고 있다.

전주시의 동쪽 오목대에 올라 시가지를 조망하면 발아래로 고색창연한 고유의 한옥군이 전개된다. 우리나라 전통 건축양식인 기와집들이 질서정연하게 들어서 있어 옛날 양반촌의 모습을 재현시키고 있다.

---

89 자료원 http://news.naver.com/news/read.php?mode=LSD&office_id=003&article_id=0000444504§ion_id=102&menu_id=102

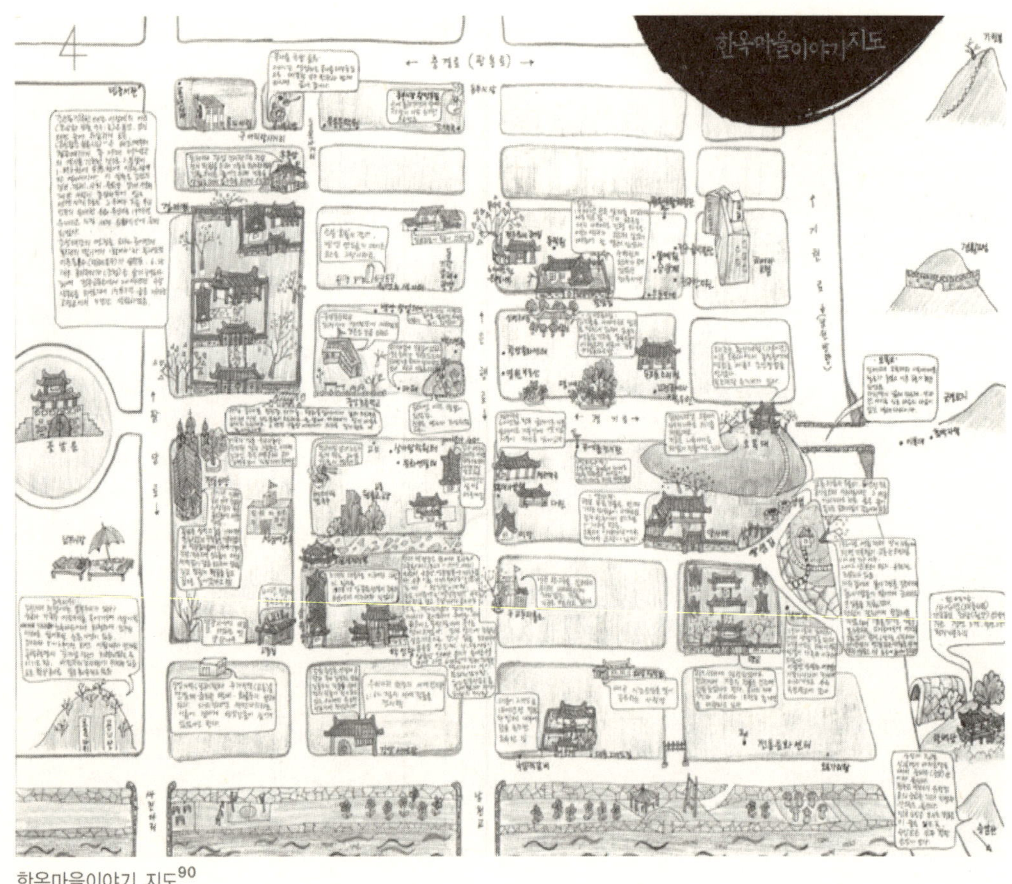

한옥마을이야기 지도[90]

90 자료원 http://hanok.jeonju.go.kr/CyberExp

❶ 한옥마을의 역사

　전주는 천년고도 왕조문화의 뿌리를 간직한 도시다. 전주한옥마을은 한국에서 유일하게 도심 속에 잘 보존된 약 700여 채의 한옥들이 군락을 이루고 있는 곳으로 전통생활문화가 살아 숨쉬는 한국의 대표적인 문화 관광 명소로 유명하다. 1977년 보존지구로 지정되었는데 현재

이 일대의 한옥은 824동이다. 그 중 재래식 한옥기와는 23동이며, 연와 또는 양기와 503동, 시멘트기와 68동, 기타 230동이다. 이곳이 한옥지구로 유명하게 된 것은 조선시대에 부성 안에 명문학자들이 많이 모여 살았기 때문으로 추측된다. 2002 피파월드컵을 개최한 도시로 월드컵을 계기로 한옥마을 조성사업이 활발하게 진행되고 있는 지역으로 경기전, 전동성당, 풍남동, 오목대 향교, 견훤성터, 남고산성 등 문화유적지가 산재하고 있으며, 전통문화센터, 공예품전시관, 명품관, 한옥생활체험관, 전통술박물관, 전주전통한지원, 한방문화센터 등 각종 전통문화 시설과 합죽선, 태극선을 비롯한 전통공예방들과 전통찻집, 전통음식점 등 다양한 볼거리, 할거리, 즐길거리, 살거리 등이 풍부한 한국의 전통문화를 대표하는 명소로 유명하다.

❷ 전통도시한옥의 학문학적 가치

역사적인 관점에서 교동, 풍남동 일원의 도시한옥은 1910년대부터 산업화 사회로의 진행과정에서 발생된 우리나라 주거문화 발달과정의 중요한 자료이다. 따라서 각계 전문가 및 시민들 사이에서도 우리나라 도시 주거문화의 역사성, 전통성을 유지하기 위해서는 전주시의 도시 한옥군이 국가적 차원에서 관리되어야 한다는 점을 지적하고 있어 계획적인 보전, 정비, 육성이 이루어져야 할 필요가 있다.

(3) 경기전

[하마비] 경기전 입구에 위치해 있는 표석으로 '지차개하마 잡인무득입'으로 조선시대에 신분의 차이를 벗어나 누구든지 말에서 내리며 아무나 출입을 금한다는 의미의 말이다.

❶ 개요

경기전은 조선이 건국되자 왕기를 공고히 하기 위하여 세워진 것으로서 태조의 어용을 봉안하였으며, 태종 14년(1414년)에 건립되었다. 전주, 경주, 평양 등은 창건 당시에는 어용전이라 불렸는데, 태종 12년(1412년)에는 태조진전이라 하였다가, 세종 24년(1442년)에 전주는 경기전, 경주는 집경전, 평양은 영숭전이라 하였다. 경기전은 선조 30년(1597년) 정유재란 때 소실되었다가, 광해군 6년(1614년) 11월에 중건되었다.

경기전의 입구와 외부에서 보는 모습

경기전은 한옥마을 중심거리인 태조로에 위치하고 있으며 사적 제339호(1963년 1월 21일)로 보존되고 있는 사적지이다. 경기전은 조선이 건국되자 왕기를 공고히 하기 위하여 세워진 것으로 태조의 어용을 봉안하였다. 전주는 태조 이성계의 본향으로 그 선대들이 살았던 조선 왕조의 발상지라는 생각에 건국직후 태조의 어진을 모시고 그 건물을 새 왕조가 일어난 경사스러운 터라는 뜻으로 경기전이라 하였다. 전주에 이태조의 영정이 봉안된 것은 태종 10년(1410년)의 일인데 영정을 모신 태조 어용전은 임진왜란 때에 전부 소실되었다가 광해군 6년(1614년) 11월에 중건되었다.

경기전 소실과 중건[91]

경기전 복원 범위[92]

경기전 마당

---

91 자료원 http://hanok.jeonju.go.kr/Hanok
92 자료원 http://hanok.jeonju.go.kr/Hanok

❷ 연혁

창건연대는 태종 10년(1410년)이 확실하다고 할 수 있다. <여지승람>에 이르기를 "경기전은 영락 경인년(1410년) 부성(완산부, 즉 전주를 말함) 남문 내에 봉안했다."라는 기록 또한 경기전 창건연도를 확인해 주고 있다.

태조의 영정은 전주, 경주, 평양, 영흥 4곳에 봉안되었는데, 처음에는 어용전이라는 이름으로 사용되다가 태종 12년(1412년) 태조진전으로 변경되었다. 그 후 세종 24년 6월 전주 경기전, 경주 집경전, 평양 영숭전, 영흥 선원전이라 일컫게 하고 각각 전직 두 사람을 두게 하였다는 기록이 있다.

조선왕조 태조의 영정을 봉안하기 위하여 1410년(태종 10년) 경주, 평양과 함께 만들어 졌고, 어용전이라 불렀으며 현재는 존재하는 유일한 곳이다.

이때 그동안 부르던 태조진전을 '경기전'으로 고쳐 부르도록 하였다. 현재의 경기전은 선조 30년(1597년) 정유재란 때 소실 된 것을 광해군 6년(1614년) 6월에 중건한 것으로, 숙종 1년(1675년) 11월에는 위봉산성을 쌓아 유사시 대비였으며, 숙종 9년(1683년)에 다시 새로운 영정으로 교체하였다. 숙종 13년(1687년) "전라도의 경기전 별전에 재변이 생겼다."라는 조선왕조실록 기록으로 보아 별전이 일부 훼손되었음을 알 수 있다.

그런데 경기전이 결정적으로 훼손을 당하게 된 것은 일본에 의한 것으로 일제강점기에 경기전의 부속채가 있었던 서쪽 부지를 분할하여 일본인 전용 소학교를 세우게 되면서부터 이었다. 왕권을 상징하던 객사를 철거하여 소학교를 세웠던 개념과 같은 것으로 이로 인하여 절반 이상의 땅이 상실되었고 부속채는 이때 거의 철거되었다. 현재 남아 있는 건물은 정전과 정전 옆의 익랑과 이를 두르고 있는 내삼문과 외삼문, 조경묘, 재실 등이다.

경기전에 처음 봉안한 영정은 경주 집경전본의 진용을 모사한 것이다. 그 후 세종 24년 7월에 고쳐 그리기 위해 이순몽을 경주에 김종서를 전주에 보내어 태조의 쉬용을 봉영하여 오게 하였으며, 동년 9월에 이방간의 첩의 아들집에 모셔진 태조의 쉬용을 이종생을 보내어 모셔오게 하였다. 세종 25년 10월에는 공조판서 최부를 보내어 태조의 쉬용을 전주의 경기전에 봉안하게 하였다. 그 후 정유재란 때 전각이 소실됨에 따라 태조의 영정은 정읍-아산-강화-묘향산 등지로 전전하며 보존되었다. 현재의 영정은 1872년에 서울 영희전의 태조 영정을 모본으로 새로 그린 것이다.

철종. 순종. 영조의 영정이 왼편에. 세종. 정조. 고종의 영정이 오른편에 전시되어 있다.

경기전은 옛 전주부성 내 동남쪽에 광대한 면적을 점유하고 있었으나 일제 때에 그 서쪽을 분할하여 일본인 전용 소학교를 세움으로서 절반 이상의 땅을 상실하였으며, 부속건물도 이 때 거의 철거되었다.

❸ 본전

조선 태조 이성계의 영정을 봉안한 곳으로 건물의 배치 규모로는 동서의 폭이 41m, 남북 길이가 64m 정도이고, 동서 회랑의 동서 길이 29m, 정진의 익랑과 내삼문의 행랑간 남북길이 29m로 중심권역은 정방형으로 배치되어 있다. 경기전 본전의 전체적인 배치는 홍살문에서 외신문과 내신문, 배전, 본전을 하나의 긴 중심축선에 따라 두고 좌우의 건물은 이중심축선에 좌우대칭으로 배치하였다. 묘당건축물의 전형적인 모습을 보여주는 배치이다.

태조 어진을 보기 위해서는 이곳을 통과하여야 한다. 어진까지는 문을 두 개 지나야 들어갈 수 있다.

조선왕조 태조의 영정을 봉안하고 있는 곳. 현재 유일하게 모사 보존되어 전해
지고 있는 곳이다.

태조 이성계의 영정 사진

❹ 전주사고

경기전 전주사고[93]

전주사고가 처음 만들어진 것은 조선 초기이다. 1439년(세종 21년) 춘추관에서 경상도 성주와 전라도 전주에 사고를 지어 전적을 보관하자는 상소를 올리면서 시작되었다. 이것이 전주사고를 만드는 근거가 되었다. 그 후 1597년(선조 30년) 정유재란 때 병화로 소실되었다. 현재의 전주사고는 1991년 복원된 것으로 경기전 본전의 동쪽 구역에 동향으로 배치되어 있다. 기적비가 있는 구역에 중층형 사고 1동만 중건된 상태이다.

93 자료원 http://hanok.jeonju.go.kr/Hanok

❺ 조경묘

전주 이씨 시조 이한공과 시조비의 위패를 봉안한 곳으로써, 1771년(영조47년)에 건립되었으며, 현재 경기전 안 북쪽에 위치하고 있다. 이한공은 태조의 21대조로서 신라사공이었다 하며, 시조비는 김씨로서 신라 태조 10세손인 군윤 김은의의 딸로 전해지고 있다.

정유재란 때 경기전과 함께 소실된 후 1854년(철종 5년) 10월에 경기전을 보수할 때 중수되었고, 40년 후인 1894년(고종 31년) 5월 갑오동학혁명 때 전주 부성이 점령되려 하자 경기전의 태조 영정과 함께 위봉사의 행궁에 안치되었다가 7월 17일에 다시 전주로 되돌아오게 되었다.

전주 이씨 시조 이한공 사진

❻ 예종대왕 태실 및 비

전주사고가 있는 구역의 동편 앞쪽 담쪽에 위치해 있는 이 비는 완주군 덕천리 태실 마을 뒷산에 있던 것으로 일제시대 파괴되어 구이초등학교 북방으로 옮겨졌다가 1970년 경기전에 옮겨 놓았다. 태실은 부도와 같은 형태로 사각의 기단석 위에 상하가 약간 긴 구형의 돌을 올리고 팔각의 옥개석을 덮었으며, 그 둘레를 팔각형의 난간으로 둘러싸여 있다. 태실의 총 높이는 234cm, 옥신 둘레는 255cm, 난간둘레 1,540cm, 난간주의 높이 108cm이다.

태실비는 귀부, 귀신, 이수를 다 갖추고 있는데, 거북이가 도사리고 앉아 있는 형태의 돌 위에 세워졌으며 윗부분은 용을 조각한 대리석이다. 비는 높이 1m, 폭 46cm, 두께 21cm로서 네 모퉁이에 각이 졌다. 비의 전면에는 "예종대왕태실(睿宗大王胎室)"이라고 되어 있으며, 후면에는 비의 건립 연도가 새겨져 있는데, 선조 12년(1579년)에 세웠으며, 그 후 156년이 지난 영조 10년(1734년)에 고쳐 세웠다고 되어 있다.

경기전 예종대왕 태실 및 비[94]

하지만 경기전에는 아직도 우리 역사와 문화를 대표하는 문화유산들이 그득하다. 현전 건물인 전각은 다포식 맞배지붕 건물이며 전면에 하마비와 홍살문, 외삼문, 내삼문 등이 있다. 경기전 하마비는 받침돌이 특이한데 판석 위에 비를 올리고 그 판석을 두 마리의 사자(해태)가 등으로 받치고 있다. 자세히 보면 왼쪽 사자는 입을 딱 벌린 반면 오른 쪽 사자는 입을 다물고 있는데 이는 공격과 수비요 양과 음의 조화이다. 또 경기전 안으로 들어가면 태조어진

94 자료원 http://hanok.jeonju.go.kr/Hanok

을 모신 진전이 있는데 그 중앙에 '丁'자 형의 돌출된 배향공간이 있다. 진전 앞에서 바라보았을 때 그 돌출된 지붕측면의 널빤지에 나무로 된 거북 조각품이 붙어있다. 이는 경기전의 영원함을 상징하는 동시에 목조건물의 가장 큰 위험요소인 화재를 예방하는 장치로 볼 수 있다.

현재 경기전은 여러 건물들이 복원되어 예전의 모습에 가까운 위용을 찾아가고 있다. 경기전에 들어서는 새로운 한옥건물과 경관구성은 과거의 모습에 가깝게 복원되고 있으므로 전통 한옥구조와 경관 구성에 대한 중요한 자료가 되고 있다.

① 옥교　　② 향정

③ 가교　　④ 신연

① 왕실과 국가 의식이 있을때 옥책, 금보, 조서, 교명등 보배의 운반에 사용하던 가마
② 향조, 향합을 넣어 받쳐드는 가마
③ 조선시대 고관의 행차 때 사용한 가마
④ 어진, 위폐를 옮기거나 봉안할 때 사용한 가마

[수복청] 경기전의 제사에 관한 일을 맡아보는 하급관원들이 수집하는 곳

[경덕헌] 경기전 일곽을 지키는 수문군들이 일을 맡아보는곳

[마청] 경기전의 의식이나 관헌의 교통수단으로 사용하기 위해 마청을 둠

[서재] 제사를 지내기 위하여 지어진 집으로 재각이라고 한다.

[동재] 제사를 지내기 위하여 지어진 집으로 재각이라고 한다.

[재기고] 제향 때 사용하는 각종제기, 기물, 기구 등을 보관하는 장소

[어정] 임금의 음식을 만들거나 임금의 마실 물을 기르는 우물

[용실] 제수용 음식을 만드는 방앗간

[전사청] 나라제사에 제수준비와 제상 차리는 일을 담당하는 전사관이 집무하면서 제사를 준비하는 곳

[조병청] 떡이나 유밀과 다식 등의 제사음식을 만들고 보관하는 장소

(4) 향교

❶ 개요

본래 전주향교는 설립연도를 정확히 알 수
는 없으나 고려 공민왕 3년(1354년)에 경기전
북편에 세워진 것으로 추정되는데 경기전이
지어진 뒤 유생들의 글 읽는 소리 때문에 태
조의 영령이 편히 쉴 수 없다 하여 화산기슭
(중화산동)으로 이전되었다가 左社右廟에 어긋
나고 전주성 밖이라 다니기에 불편해서 선조
36년(1603년)에 지금의 위치인 완산구 교동으
로 옮겨져 사적 제379호로 지정되어 있다. 대
지가 약 3,130평에 이르며, 건물은 모두 19동
으로 100칸에 이른다. 공자의 제자인 7인과
우리나라 유학자 18현 등 총 25인을 배향하고
있으며 음력 2월과 8월 초정에는 제사를 지낸
다고 한다.

향교[95]

향교의 구조는 대성전을 중심으로 양쪽의 동무와 서무로 구성된 배향공간과 명륜당을 중

명륜당

일월문

심으로 그 양편에 동재와 서재로 구성된 강학공간으로 이분된다. 대성전 중앙에는 공자를 비롯하여 안자, 자사, 증자, 맹자 등 5성의 위패가 모셔져 있으며, 대성전 벽과 동무, 서무에는 중국 성현과 우리나라 사람 동방 18현의 신위가 모셔져 있다. 명륜당은 강학이 이루어지는 곳이며, 동서재는 기숙사였다. 일반적으로 평지에서는 배향공간이 앞으로 오고 강학공간이 뒤에 위치하며 언덕에 자리한 경우는 이와 반대로 배치된다. 향교의 이러한 건물배치법은 배향공간이 강학공간보다 더 격이 높았음을 시사한다.

향교 입구인 만화루 100m 앞쪽에는 홍살문이 서 있고 만화루를 거쳐 내삼문을 지나면 대성전이 나오는데 좌우로 서무와 동무가 마주보고 있다. 대성전 뒤쪽의 협문을 지나면 서재가 보이고 맞은편에 동재가 있으며 가운데에 명륜당이 자리 잡고 있는데 명륜당 앞에는 향교와 역사를 함께 하고 있는 450년생의 은행나무가 자라고 있는데 은행나무는 향교의 상징적인 나무로 은행나무가 벌레를 안타

듯이 유생들도 건전하게 자라 바른 사람이 되라는 의미를 담은 것이라 한다. 서재 뒤쪽에는 장판각[96]이 있으며, 서재 왼쪽으로는 계성사, 고직사, 사마재 등이 자리하고 있다. 전주향교에서는 어린이 예절교실을 비롯하여 한문과 서예교육, 전통혼례, 전통다례, 제례강좌, 전통음식 만들기 등을 체험할 수 있는 산 교육장으로 활용되고 있으며 영화 촬영지로도 각광받고 있다.

향교의 은행나무[97]

96 서원에서 펴낸 책을 인쇄할 때 쓰이는 목판을 보관하던 곳
97 자료원 http://hanok.jeonju.go.kr/Hanok

❷ 건립배경

건립배경[98]

전주향교는 고려 우왕 6년(1380년)에 전주성 남쪽 현재의 경기전 부근에 위치하여 창건되었다고 전해오고 있으나 정확한 기록은 없다. 조선조에 들어와 태종 10년(1410년) 경기전을 새로 지을 때 유생의 글 읽는 소리가 시끄럽다하여 부성 서쪽인 화산동으로 이전하였다. 그 후 200년 동안 그대로 존속하다가 선조 36년(1603년)에 순찰사 장만이 향교가 부성과 거리가 멀고, 객사를 기준으로 볼 때 왼쪽에 문묘, 오른쪽에 사직단을 두도록 한 옛날의 제도에 어긋난다 하여 조정에 품신하여 전주시 완산구 교동의 현재 위치에 자리 잡게 되었다.

❸ 위패 배향

위패배향[99]

배향 위패는 서울의 성균관과 같이 대성전에는 공자를 주벽으로 사성과 십철, 송대 육현을 배향하고 있으며, 동서 양무에는 공자의 제자를 비롯한 중국의 유학자 7인과 우리나라 18현 등 총 25인을 배향하고 있다. 특히 계성사에는 5성의 위패가 있으며, 대성전은 효종 4년(1653년)에 부윤 심택

---

98 자료원 http://hanok.jeonju.go.kr/Hanok
99 자료원 http://hanok.jeonju.go.kr/Hanok

과 판관 한진기가 중건하였는데, 이기발이 중건기를 남겼다. 명륜당은 광무 8년(1904년)에 군수 권직상이 중수하였다. 대성전은 융희 원년(1907년)에 당시 군수였던 이중익이 중수하여 현재에 이르고 있다.

❹ 대성전의 건립

대성전은 1971년 12월 2일 전라북도유형문화재 제7호로 지정되었다. 향교재단에서 소유하고 있다. 고려시대에 창건되었다고 전하나 신뢰성이 없다. 구전에 따르면 향교가 있던 자리는 경기전(사적 339) 근처였는데, 경기전을 세우게 되자 주위가 번잡하다고 하여 1410년(태종 10년)에 화산동으로 옮겼다고 한다. 그 뒤 선조 때 순찰사 장만(張晚)과 유림들이 지금의 위치로 옮겼

대성전 건립[100]

으며, 현재 남아 있는 건물은 이때 건립된 것으로 추정된다. 건립 당시에는 서울의 성균관을 모방하여 대성전, 동무, 서무, 내삼문, 외삼문, 명륜당, 장판각, 제기고, 수복실, 계성사, 사삼문, 양사재(養士齋), 사마재(司馬齋), 수직실, 만화루(萬化樓) 등의 건물이 99칸에 이르렀다. 현재 대성전을 중심으로 좌우에 동무와 서무가, 정면에 일월문이, 그 앞에 만화루가 있다. 대성전 뒷담을 사이에 두고 명륜당이 있고 서쪽으로 장서각, 계성사, 양사재, 사마재가 있으며, 주위에 고직사 등 여러 건물이 있다.

❺ 대성전의 중건 및 역할

전주향교의 전경

[대성전] 공자를 주벽으로 50인의 유학 성인 위패를 모시고 있다.

대성전은 1653년(효종 4년)에 부윤 심택(沈澤)과 판관 한진기(韓震琦)가 중건하였으며 이기 발이 중건기를 남겼다. 명륜당보다 훨씬 뒤에 세워진 건물로 정면 3칸에는 널문을 달았으며, 기둥은 모두 두리기둥[圓柱]이고 맞배지붕이며 양 합각에는 방풍판을 달았다. 대성전에는 공 자를 주향으로 안영, 증자, 자사, 맹자 등 중국 4성과 10철, 송(宋)의 6현을 배향하고 있으며, 동무와 서무에는 공자의 제자를 비롯한 중국의 유학자 7명과 한국의 18현 등 총 25명을 배향 하고 있다. 1904년에 중수된 명륜당은 정면 5칸, 측면 3칸 규모로 좌우 1칸씩은 눈썹천장을 이어 달아 꾸몄으며, 전면에는 모두 널문을 달았다. 따라서 눈썹천장의 도리가 뺄목으로 되어 길게 뻗어 나와 있는데, 향교 건물을 이와 같은 구조로 짓는 경우는 매우 드물다. 조선시대에 도호부의 관아가 있었기 때문에 학생수가 액내생(額內生) 90명, 액외생(額外生) 90명으로 총

180명에 정7품의 훈도 1명이 배속되어 사서오경 등을 가르쳤다.

(5) 양사재

　양사재는 향교의 부속건물이었는데 전주향교에는 유생들을 교육했던 공간인 6칸의 양사재
가 있다. 양사재는 서당공부를 마친 재능있는 청소년이 모여 생원, 진사공부를 하던 곳이며
진사시험에 합격하면 양사재에서 합격사실을 알리는 부표(附表)를 해야 비로소 인정될 정도로
선비들에겐 매우 영향력 있는 교육공간으로 기능을 해왔다.

양사재의 정확한 건축연대는 알 수 없지만 1875년(고종 12년) 오목대 사우 터에(현재의 교

동 58번지) 판관 김계진이 노후화된 양사재를 다시 지어 문사들의 도장이 되게 하였다는 기록이 있으며, 1951~1956년 전북대학교 문리과대학의 전신인 명륜대학의 사택지로 가람 이병기 시조시인이 기거하면서 후학을 길렀던 공간이기도 하였다.

현재의 양사재는 오목대 남쪽 기슭 교동 1가 58번지에 위치하고 있으며 너무 낡아 1980년 집터를 돋우고 100년 전 옛 모습 그대로 한옥 6칸의 'ㄱ'자 집을 살려 고쳐 지었고 당시의 재목으로 '一'자형 뒤채를 지었다. 이곳은 2002년 10월에 민간 문화전문가들에 의해 문화공간 양사재로 탈바꿈하여 한옥민박과 야생차 보급, 문화관광을 개척하는 다목적 문화공간으로 활용되고 있다.

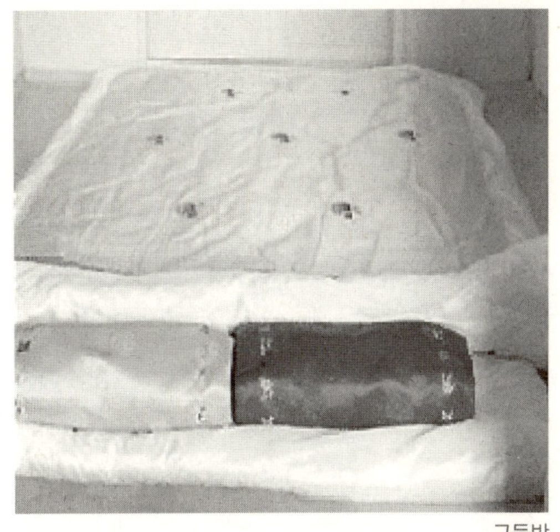
구들방

분합방

(6) 학인당

　학인당은 전주 한옥보존지역의 대표적 건물로 한말 건축기술을 전승받은 순한식 건물로서 조선왕조 붕괴 후 궁중 건축양식이 민간주택에 도입된 전형적인 예이다. 학인당(學忍堂)은 교동 105-4번지에 있는 한옥으로 1908년에 건축하였으며 지상1층의 한식 목조건물로 규모는 1동(棟) 5필지(연면적 224.12m²)에 이른다. 학인당은 전주 한옥의 대표적인 건물로서 조선 왕권 쇠약기에 궁중건축양식이 민간주택에 도입된 대표적인 예이다. 학인당은 1976년 전라북도 민속자료 제8호로 지정되어 보호받고 있다. 건축양식은 한식 기와집으로 암막새와 숫막새, 추녀와 서까래 끝에는 동으로 싸서 풍해를 방지하였고 통선창집이며 주초는 호박주초이고 동편에 기와 난간이 3칸 있다. 우물마루에 모름중방이며 등내서문과 완자 밑창에 갑창과 교갑창으로 되었다.

학인당[101]

학인당은 효자로 유명한 인재 백낙중이 살던 집이다. 그는 높은 효행으로 인해 고종황제로부터 '승훈랑'영릉참봉에 제수되었다. 사후에 이를 현창하기 위해 성당 김돈회의 명필로 휘호된 현판을 게양 백낙중지려로 명명하였고 본관은 백낙중의 호 인제(忍齋)에서 '인(忍)'자를 따서 집 이름을 '학인당(學忍堂)'으로 명명하였으며 효산 이광열의 휘호로 된 현판을 올렸다.

[101] 자료원 http://100.naver.com/100.nhn?type=image&media_id=358107&docid=736257&dir_id=09050302, http://www.cha.go.kr/newinfo/Culresult_Db_View.jsp?VdkVgwKey=2 4,00080000,35&queryText=V_KDCD=24

　조선 말, 한국 전통 건축기술에 따라 지은 당시의
상류층 주택으로, 조선왕조 붕괴 후 궁중 건축양식을
민간주택에 도입한 전형적인 예이다. 조선 말기에 지
은 한식주택으로, 전라북도 전주시 완산구 교동의 한
옥보존지역안에 있다. 학인당은 도로에 접하여 행랑채
가 담장을 대신하여 서있고 가운데 높게 솟을대문이
솟아 있다. 솟을대문은 홍살로 장식되어 있으며 백낙
중이 효자임을 표창하는 '白樂中之閭'라는 효자정려 현
판이 걸려있다. 이 집은 잘 다듬은 장대석 기단 위에
고복형 초석을 놓고 두리기둥을 세웠다. 고막이는 붉
은 벽돌로 마감하였다.

　지붕은 팔작지붕 처리가 흥미로우며 추녀와 사래끝
을 동판으로 싸서 풍우를 막게 하고 처마끝은 함석으
로 차양을 덧대 놓았다. 또 정면 한쪽에 박공면을 돌
출시키고 가운데 창을 내었다. 이것은 다락의 채광과
환기를 위한 것이다.

　집을 지을 당시 일류 도편수나 목공 등 연인원
4,280명이 압록강, 오대산 등지의 목재를 사용하여
2년 6개월에 걸쳐 건축하였으며 공사비로 백미 4,000

현판102

곧은자 구조103

학인당의 팔작지붕104

102 자료원 http://hanok.jeonju.go.kr/Hanok
103 자료원 http://hanok.jeonju.go.kr/Tradition
104 자료원 http://hanok.jeonju.go.kr/Tradition

학인당[105]

석이 투입되었다고 한다. 학인당 내부에는 소나무를 비롯한 각종 나무들과 많은 꽃들이 피어있어 또 하나의 정원을 만난 느낌이다. 맷돌을 쌓아서 돌탑처럼 만들어져 있어 눈길을 끈다.

전면에서 보면 정면 8칸, 측면 4칸의 일자집같이 보이나 뒤쪽에 실이 부가된 곧은자집이다. 평면은 네 칸 크기의 안방과 전후 두 칸 대청이 있고 실 주위에 툇마루가 둘려 있는 형태이다. 방과 대청 사이에는 모두 분합문을 달아 개방할 수 있다. 안방 동측 모서리에는 머리방이 있고 그 뒤에 부엌과 광이 있다. 본래는 머리방 주위에 난간이 있는 툇마루가 부설되어 있었으나 지금은 건넌방 옆으로 이설하였다. 안방 뒤에는 마루방을 두었는데 이 방을 통해 다락에 출입할 수 있다. 다락은 부엌과 광 상부뿐만 아니라 안방 위까지 넓게 구성하고 단차를 두었다. 대청과 안방 뒤쪽의 마루를 통해서 뒷방, 서재, 세면실 등이 연결된다. 여기를 지나면 화장실과 증축된 목욕실로 이어지는 복도가 나타나는데 복도 끝에는 세면실과 3칸의 변소기 직각으로 꺾어져 자리하고 있다. 각 실들은 복도를 통해서 서로 연결되면서 기능별로 공간이 설정되어 있다. 전통을 바탕으로 기능의 합리성을 추구한 근대적 계획수법이 돋보이는 집이다.

105 자료원 http://hanok.jeonju.go.kr/Hanok

(7) 동락원

　　교동 500여 년 된 은행나무 길 전주 최씨 종가와 골목길을 사이에 두고 마주하고 있는 동락원은 전통문화 예술을 계승, 발전시킬 수 있는 여성인력을 발굴하여 새로이 창출되는 전통문화예술인력 수요에 대처하기 위한 인력을 양성하는 공간인 전통문화생활관으로 100여 년 전 당시 전주 한옥의 옛 모습을 재현한 곳이다. 전주는 미국의 개신교가 일찍부터 전파된 곳인데 미국 남장로교 선교회가 전주에 들어와 선교하는 과정에서 학교를 설립하였는데 동락원은 현재 학원선교를 구체화시킨 전킨(W. M. C. Junkin) 선교사의 기념관으로도 사용되고 있다. 전킨선교사가 활동하던 1895년 당시 전주의 옛 모습을 재현한 전통 한옥 공간으로 방문객들이 직접 체험하는 교육의 장으로 쓰이고 있다.

[동락원] 전통숙박, 전통음악, 전통공예, 전통무용 등을 직접 체험하며 교육하는 공간

이 건물은 1978년과 1987년에 대보수가 있었으며 1996년에 일부 면적을 철거하고 다시 지었으나 전킨 선교사가 활동하던 당시 전주 한옥의 옛 모습을 재현한 집으로 사랑채(청유재)와 안채(승독당), 그리고 행랑채를 갖춘 전통 한옥이다. 건물은 안채와 사랑채, 문간채로 구성되

어 있으며 사랑채 앞에는 정원으로 꾸미고 안마당은 잔디를 심고 조경하여 조경이 잘 된 넓은 마당과 고풍스런 평상이 인상적이다.

동락원 매부의 안채와 사랑채, 그리고 행랑채

사랑채와 안채 및 옆집과는 붉은 벽돌담으로 영역이 구분되어 있다. 사랑채는 높은 장대석 기단위에 방형초석을 놓고 그 위에 사각기둥을 세웠다. 주간을 일정하게 하고 정면 4칸에 앞뒤에 퇴를 구성한 전후퇴집이다. 좌우측은 방으로 구성하고 가운데 2칸은 대청으로 구성되었던 것으로 보이나 현재 좌측방은 부엌으로 나머지는 방으로 바뀌었다. 좌우측 방은 아궁이를 시설하기 위해 마루를 높였으며 방은 앞뒤로 나누어 사용할 수 있는 구조이다. 대청 앞뒤에는 툇마루가 시설되어 있고 마루 끝에는 유리 미서기문을 달아 마루를 내부 공간화하였다.

내부구조[106]

지붕은 홑처마 팔작 지붕이며 한식기와가 올려져 있다. 창방역할을 하는 장혀가 직접도리를 받는 민도리집이다. 장혀와 문인방 사이에는 딱지 소로를 붙여 수장하였고 마루 밑의 고막이와 합각부 박공면은 붉은 벽돌을 사용해 건물 곳곳에서 근대 한옥의 특성을 잘 보여주고 있다. 사랑채 좌측 뒤편의 아치문을 들어서면 안채가 사랑채와 향을 달리하여 자리하고 있다. 안채는 정면 5칸에 홑처마 팔작집이다. 가운데 3칸 앞에는 툇마루가 시설하고 마루 끝에는 유리미서기문을 달았으며 내부와 외부는 모두 개조되어 있다. 현재 이 집은 외지에서 전주를 찾은 사람들에게 숙박시설로 제공되기도 하며 한국의 전통생활문화, 즉 전통숙박, 전통음악, 전통공예, 전통무용 등을 직접 체험하고 교육받는 전통문화 교육장으로도 사용되고 있다.

동락원 앞마당과 장독대

전관

단청들

[설예원] 전통생활문화교육관으로 생활예절, 다도예절 등 우리전통생활을 체험할 수 있는 아름다운 곳이다.

설예원을 찾은 어린이들이 원장의 안내로 다도 체험을 하고 있다.

(8) 관성묘(관왕묘)

전주 관성묘는 동서학동 남고산성 안에 위치하고 있는데 지방문화재 제5호이다. 관성묘(관왕묘)는 관제묘(關帝廟)라고도 하는데 이는 중국 한나라의 장수 관우를 제사하는 사당이다. 관왕묘는 원래 중국에서 시작된 것인데 명나라 초부터 관왕묘를 건립하여 일반 서민에게까지 그 신앙이 널리 전파되었다.

관성묘[107]

전주의 관왕묘는 고종 10년(1884년)에 남고산성별장 이신문과 전라관찰사 김성근의 발기로 세워졌다. 광무 3년 봉심사로서 건지산의 시조묘 검분차 내려왔던 이재곤의 상주로 수년 전 전주에 관왕묘가 창건되었음을 알고, 고종은 향축봉송절차를 남원 강진의 예에 따라 시행하도록 본도에 명령을 내려, 연 2회 춘추로 관에서 제사를 행해 왔다. 융희 원년 궁내부의 사전이 폐지됨에 따라 완전히 민간 유지에 의한 관리로 넘어가 오늘날은 관우를 숭배하는 몇몇 수호인에 의해 유지되고 있다. 관성묘는 정면 3칸, 측면 3칸의 정자형 집으로 되어있으며 관우와 제갈공명의 영정을 봉안하고 있다.

(9) 학소암

　학소암은 완산구 평화동에 위치하고 있는데 지방문화재자료 제3호로 지정되어 있는 건물이다. 조선 정조 10년(1786년) 광혜화상이 창건하고 춘곡화상과 이만선씨에 의해 중수되었다. 자음전은 익공계 구조의 맞배지붕으로 정면 3칸, 측면 1칸의 소규모 건물이다. 내부의 공포는 전면이 연봉각으로 처리되었지만 후면은 초익공의 형식이고 기둥은 각주로 되어 있으며 홑처마형식인데 이러한 형식으로 건물을 지은 것으로 보아 후면보다는 전면의 의장처리에 더 치중한 건물이라고 할 수 있다. 정면의 문은 어칸과 협칸에 2분합의 문을 달았고 창살의 형식은 천장의 구조는 단순하며 본래 연등천장이었지만 최근에 반자를 붙였으며 마루도 온돌방으로 개조하였다.

학소암[108]

108 자료원 http://100.naver.com/100.nhn?type=image&media_id=358100&docid=736018&dir_id=09050303

4. 전주한옥마을의 문화공간

(1) 전통문화센터

한벽루 곁에 둥지를 튼 전주전통문화센터는 볼거리, 먹을거리, 놀거리를 총체적으로 아우르면서, 소리를 사랑하고 타자를 긍정하던 전주의 마음이 살아 숨쉬는 곳이다. 예술과 놀이, 전통의 맛과 멋, 의례와 체험을 통해 선조들의 지혜를 엿볼 수 있는 곳이다.

전통문화센터 전경

전주천

전통문화센터의 현판

① 경업당(敬業堂)
심석 김병기, 중하 김두경
자신이 하고자 하는 일을 한결같은
마음으로 배우고 닦아나가는 집

② 화명원(和鳴院)
심석 김병기, 중하 김두경
수컷인 봉새와 암컷인 황새가 화락하
게 지저귀듯 평생을 화락하게 지낼
한 쌍의 남녀가 결혼을 하는 집

한벽극장은 선비들의 풍요와 서민들의 소박함을 보여주고자 한벽이라는 이름으로 사물놀이와 사람과 함께 어우러져 하나과 되는 풍물판 굿[109]을 보여주는 곳이다. 한벽극장은 판소리, 기악, 무용, 극, 타악 등 전통예술관련 공연이 펼쳐지는 곳이다.

---

109 풍물굿은 음악성이 두드러진 "풍물"과 제의성이 두드러진 "굿"의 결합 상태를 말하며 따라서 "풍물굿"은 제의로서인 "무당굿"과 구별될 뿐 아니라, 음악으로서의 순수 풍물과도 어느 정도 구별되는 개념이다. 농사 현장에서 벌어지는 두레풍물이나 줄당기기 판에서 벌이는 놀이 풍물과 구별되는 풍물이자, 무당들이 굿판에서 치는 무악으로서 풍물과도 구별되는 것이 마을 굿으로서의 풍물굿이다. 다시 말하면 풍물잽이들이 마을 굿을 베풀기 위하여 치는 풍물을 흔히 풍물굿이라 한다. 자연히 풍물굿은 마을 공동체를 중심으로 마을 공동체 성원의 주체인 풍물패들이 공동체 단위로 수행되는 제의적 목적을 염두에 두고 치는 풍물에 한정된다. 그러므로 풍물 일반이나 굿 일반과 달리 풍물굿은 마을 단위 이상의 공동체 제의와 유기적 결합을 지니게 마련이다. 그리하여 공동체적 의미의 풍물굿은 자연히 사회성을 가지게 되고 따라서 지역에 따라 각기 색깔이 다른 풍물굿들로 계승, 발전되어져 왔다.

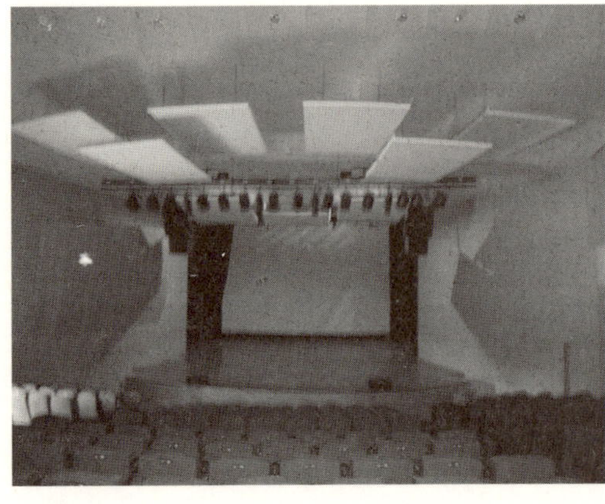

전통음식관 한벽루는 전주의 전통음식인 한정식, 전주비빔밥, 돌솥비빔밥 등을 차려두고 전주를 찾는 나라 안팎의 모든 이들에게 전주의 맛 그 특별함을 선사하고자 한다. 또한 그 이층에서는 음식자료전시실과 조리체험실을 갖춰놓고, 우리 음식의 신비스러운 맛의 비밀을 스스로 터득해 가게 하여 전라도 전통음식을 되살리고 널리 알리고자 한다.

한벽루 내부

한정식

한벽루 외부

한벽루의 인공호수

전통찻집 다향은 차에 유래, 정의, 종류, 재배조건, 효능, 구덕(九德)과 맛있게 우리는 방법, 차의 보관, 이용방법 등 우리전통차에 관한 이야기와 다례(茶禮)를 배울 수 있는 곳이다.

교육체험관 경업당에서는 의례와 예술·놀이·음식·의복 등에 깃든 전통의 숨결을 고스란히 느끼고 체험할 공간이다.[110]

교육체험관 내부전경

전통떡 만들기 체험

전주 전통비빔밥 만들기 체험

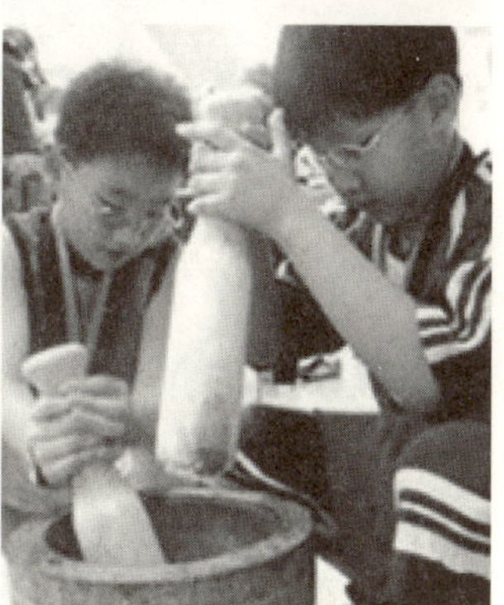

어린이 떡 만들기 체험

송편 만들기 체험

외국인 김치 체험

재미교포 전주 전통비빔밥 체험

어린이 전통예절 체험

미군 풍물 체험

예비교사 전통문화 강좌

전통혼례식장 화명원에서는 전통혼례에 식순과 의상에 관한 내용을 알 수 있는 곳으로 직접 전통혼례를 올릴 수 있는 곳이다.

뜻 깊은 날의 잔치마당 전통 혼례식장 화명원

혼례식 준비과정

혼례식 상차림

실제혼례[111]

혼례체험

(2) 한옥생활체험관

창호지문과 온돌방, 대청마루에 대한 기억조차 없는 요즘 우리선조들의 삶과 지혜를 몸소 체험할 수 있는 장소는 그리 많지 않을 것이다. 한옥생활체험관은 조선시대 양반집을 연상케하는 전통한옥을 몸으로 체험할 수 있는 곳으로서, 숙박체험 및 전통문화체험, 공연, 이벤트 등을 다양하게 즐기고 느끼며 우리 선조의 삶과 지혜를 자연스레 만끽할 수 있는 곳이다.

111 자료원 http://www.jt.or.kr

전주 한옥보존지구와 어깨를 나란히 맞대고 있는 한옥생활체험관은 한옥의 여가를 고스란히 살필 수 있는 곳이다. 안채(단영원)와 사랑채(세화관)로 나누어진 이곳은 조선시대 양반생활사를 그대로 엿볼 수 있도록 전통가옥을 재현했다.

[안채(단영원)] 반가옥의 안방을 재현하였으며, 3개의 방과 부엌으로 구성되어져 숙박이 가능

[사랑채(세화관)] 옛날에는 손님을 맞아 대접하고 집안 자녀들의 학문과 교양을 가르치는 곳

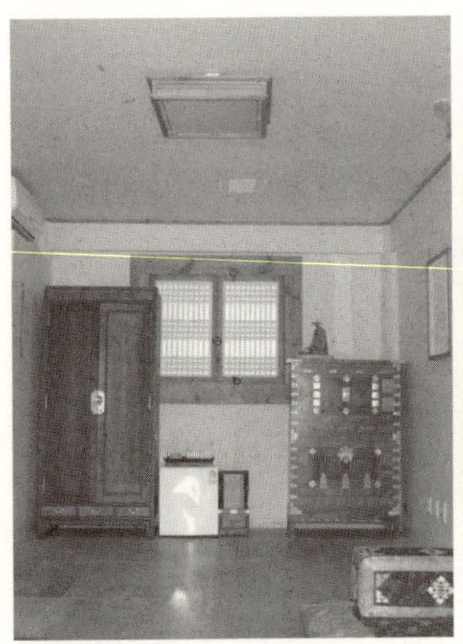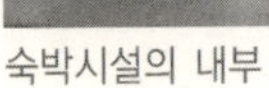

숙박시설의 내부

너른·하늘이 탁 트인 마당에서 윷을 놀고 투호를 던지기도 하며 서예, 판소리와 같은 한국 전통생활문화를 직접 접할 수 있다. 아이들을 위한 테마캠프, 예절, 거문고, 판소리 고법, 차 문화 등 전통문화 강좌가 상설로 진행되고 있다. 대청은 세미나나 워크숍, 토론의 장으로도 적합하며 그 후에 연찬 프로그램도 있다. 전통한옥에서만 찾아볼 수 있는 구들에서의 숙박과 오첩반상으로 받는 식사체험은 잊지 못할 추억이 될 것이다.

한옥마을 앞마당에서 여가시간을 보낼 수 있다.

대청

장독대

가마솥

전주한옥생활체험관의 현판

① 한옥생활체험관

② 세화문(世化門)

③ 세화관(世化館)

④ 다경루(多慶樓)

⑤ 단영원(端影院)

① 중하 김두경
　　세화관의 고유명사로 "문화의 향기를 나누어 세상의 조화로움을 꿈꾸고 좋은 풍속을 세상에 전한다"는 뜻
② 심석 김병기, 중하 김두경
　　'전통의 삶과 지혜를 오늘에 살려 세상을 바르고 좋은 풍속으로 변화시키는 문'(주련의 첫 글자 인용)
　　주련 : "세전미풍(世傳美風) 화성양속(化成良俗) 아름다운 풍속을 세상에 전하여 이 시대에 맞는 좋은 풍속으로 변화시켜 실생활에서 활
　　용한다."는 뜻
③ 심석 김병기, 중하 김두경
　　아름다운 풍속을 세상에 전하여 이 시대에 맞는 좋은 습속으로 변화시켜 실생활에서 활용하는 집
④ 심석 김병기, 효봉 여태명
　　'경사가 넘쳐나는 누대'
⑤ 심석 김병기, 중하 김두경
　　주로 여성 숙박자에게 제공한다고 하기에 특별히 단정함을 강조하여 '端影院'이라고 함, 즉 그림자마저도 단정하게 가지려고 몸가짐을
　　조심하는 집.

(3) 술박물관

술박물관 내에 있는 양화당의 전시실에서 전통술을 만드는 과정을 한눈에 볼 수 있는 곳이다. 전통술은 지역의 풍물, 풍속, 자연환경을 배경으로 가계(家系)의 비법(秘法)을 중심으로 전승되어 왔다. 최근 전통술에 관한 많은 관심을 반영이라도 하듯 전주 전통술박물관에서는 전통술 빚는 법을 체험할 수 있으며, 술에 관한 많은 여러 유물을 전시하고 있다.

한국 전통주에 대한 소개와 함께 우리 고유의 주조방식에 의한 전통주 생산과정을 볼 수 있다.

전통술 강좌와 우리 술 기행은 우리 술에 대한 건문을 넓히도록 돕고 있으며, 우리 술의 홍보 및 보급에 앞장서고 있다. 전통적인 술 빚는 과정을 그대로 재현할 수 있는 양화당의 전시실에는 술 도구와 술 만드는 과정을 한 눈에 볼 수 있으며, 숙성실과 발효실에서는 스피커를 통해 술 익는 소리를 듣고 술 익는 냄새를 맡을 수 있다. 또한 향음주례(鄕飮酒禮)를 치르는

제기들과 전통주들이 전시되어 있는 계영원에서는 이 지역 작가들이 만든 예쁜 술잔과 기념
품들을 만날 수 있다.

술박물관 내부

메주 만들기

술 만드는 도구

술 만드는 과정

수을관(水乙館, 심석 김병기, 중하 김두경)은 酉禾乙(수을)을 빨리 읽으면 '술'발음이 되므로, '술박물관'이라는 뜻이다.

또한 주말을 이용하여 전통술(우리술) 빚기(각종 전통주 빚기, 연중 25~30여 종), 시음(과하주, 더덕주, 송엽주, 죽엽주, 백화주, 백일주, 삼해주, 국화주), 품평(전국 약 500여 전통주 제조회사 참가하여 전통술 품평회개최), 기행(전국의 전통술 명인과 명주를 만나보는 체험과 더불어 부근 유적지 탐방) 프로그램을 운용하고 있다.

전주전통술박물관은 '수을관'으로도 불리는데 '수을관'이란 물속에 불이 있다는 수불이 그 어원이다. 술을 담가 놓으면 부글부글 끓으면서 열이 오르기 때문에 생긴 말인 듯싶은데 수을은 '술'의 고어로 '수'자에는 쌀을 발효시킨다는 의미가 내포되어 있다. '수을관'은 전주전통술박물관의 고유명사로 쓰인다. 전주전통술박물관은 주세법 공포아래 소멸되어 가던 전래주의 맥을 찾아 집집마다 술을 빚던 가양주의 전통을 오롯이 되살리는 공간으로써 우리 전통술들을 전시, 판매 하며, 우리 고유의 주조방식을 배우며, 직접 빚어보기도 하는 체험형 박물관이며 계영원과 양화당으로 구분된다.

전주전통술박물관
JeonJu Korean Traditional Wine Museum
수을관
This museum exhibits various traditional
drinks locally made in the province of
Jeolla-do. Visitors are also given an
opportunity of seeing, even participating in,
the detailed process the drinks are made.
"Wine and Soy Sauce Making."
This program is aimed at offering visitors
an opportunity of making traditional wines,
soy sauce pastes and chili pastes.
They can also have a chance to taste the
wine they made.

계영원(誠盈院, 심석 김병기)
잔이 넘치는 걸 경계하라.
가득채움을 경계하라. 즉, 술을 도에 넘치게 마시지 않도록 늘 삼가고 조심하는 집 으로 모자람의 미덕을 가르치며, 조상들의 세계관을 엿볼 수 있는 곳으로 '상도'로 유명해진 계영배를 실제로 볼 수 있는 공간이다. 그밖에 계영원에서는 전국에 있는 전통술(이강주, 송화백일주, 송죽오곡주, 복분자, 홍주, 머루주 등)을 전시 및 판매하는 공간으로 활용되고 있다.

양화당(釀和堂, 심석 김병기, 중하 김두경)은 술 박물관 내에서도 술을 빚는 방이다. '화목을 빚는 집'이라는 뜻이다. 직접 술을 빚는 과정과 유물, 양음주례 관련자료 및 술 빚는 도구들을 볼 수 있고 연구사들이 직접 누룩과 고두밥을 이용해 전통술을 만드는 과정을 한눈에 볼 수 있으며, 직접 체험해 보는 전통술 빚기의 교육의 장소이다.

(4) 공예품 전시관

　전시박물관인 공예관, 공예전문갤러리인 기획관, 공예체험을 할 수 있는 체험관과 명장의 공예작품을 쇼핑하면서 전통차를 즐기는 명장공예관, 전통과 현대 및 생활공예품 쇼핑할 수 있는 생활 공예점으로 구성되어 있는 복합공예 문화시설이다.

　또한 공예품 전시관에서는 한지를 이용한 체험으로써 우리의 한지에 대한 이해를 도우며, 그 가치를 알 수 있는 한지공예, 도자를 직접 만들어 보는 도자공예, 천연 황토물을 이용해 옷 또는 다포(천)에다 직접 염색을 헤보는 체험으로써 황토색의 포근함과 아름다움을 체험할 수 있는 황토염색, 지점토를 이용하여 여러 가지 조형물을 만들어 보는 지점토 체험, 솟대란 민간신앙을 목적으로 또는 경사가 있을 때 축하의 뜻으로 세우는 긴 대인 솟대 만들어보기,

연만들기 프로그램을 운영함으로 의식주를 통해 공예가 인간의 삶과 함께하며 인간의 지혜와
미적 욕구가 만들어낸 산물임을 여러분들과 함께 느끼고 체험토록 한다.

공예품전시관의 마당에 자리 잡고 있는 전통놀이마당에는 다양한 기구가 마련되어 있다.

전주공예품전시관 공예전시관, 체험관, 쇼핑샵으로 구성되어 있으며 체험을 하면서 전통차를 즐길 수 있는 복합 공예 전시시설이다.

전주공예품전시관 현판

공예품전시관의 마당

옛 자기들

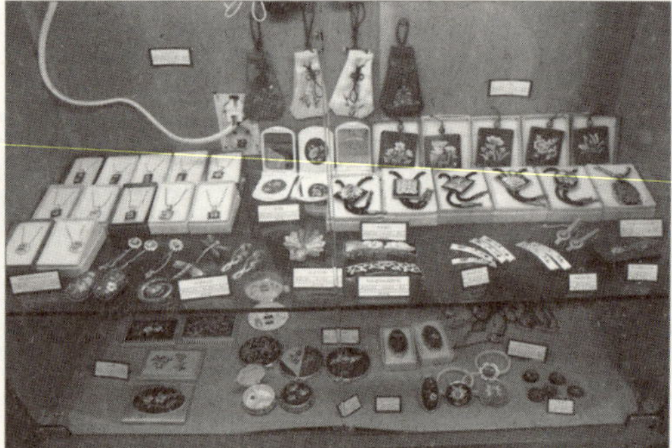

옛 부인들의 소지품

[명장공예관(효봉 여태명)]
전북의 대표적 공예인 나전칠기, 소목, 한지공예, 전통자수 분야의 무형문화재와 명장의 대표적 작품을 전시하고 있다.

[기획관(임지당 이은혁)] 공예 전문전시관으로 대들보, 서까래가 그대로 드러나 있으며, 한국의 공예흐름을 다양하게 월별, 재질별, 작가별 주제를 선정 기획전시하는 곳이다.

[공예관(중하 김두경)] 전북의 공예를 공예작품, DVD 영상, 미니어처, 그래픽패널, 입체영상을 통해 과거와 현재를 한눈에 볼 수 있는 공간이며, 전북 한지의 현황과 미래를 유물과 작품을 영상물로 알 수 있는 유물실, 한지공예의 작품을 다양하게 전시하는 한지 기획관으로 구성되어 있다.

[체험관(효봉 여태명)] 공예에 대한 전반적인 체험을 할 수 있는 장소로 도자, 한지, 섬유, 목공예 등을 만들어 보는 체험관으로 많은 시민들이 공예품을 접할 수 있는 기회를 제공하며 직접 만들어보는 체험교육 현장으로 사용된다.

[전주명품관(산민 이용)] 전주부채와 전주한지를 비롯한 전주의 대표적인 명품 전시 및 판매와 체험을 할 수 있는 곳이다.

[오목대특산관(임지당 이은혁)] 천연염색상품, 옹기, 목각, 남원목기, 나무액자, 액세서리 다기능 상, 전통탈 등 다양한 문화 상품 전시하는 곳이다.

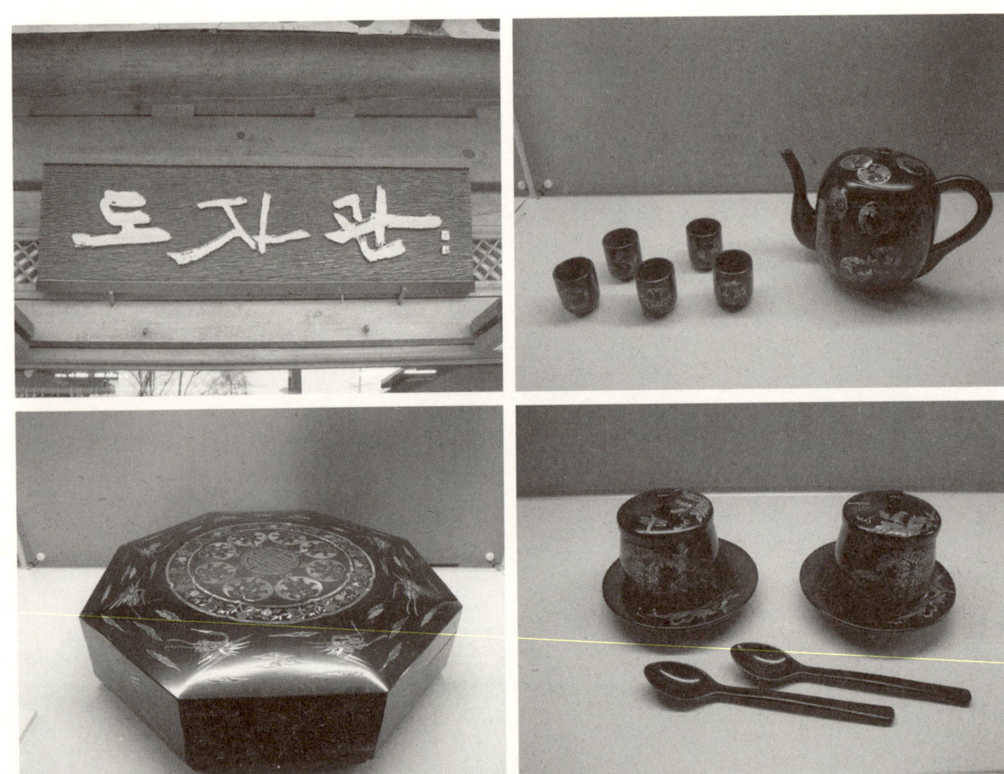

[도자관(효봉 여태명)] 전북지역 도예작가들의 작품을 감상하고 구입할 수 있는 전시장 다기, 화방, 반상기 향꽂이 등 생활 자기에서 향꽂이, 호롱, 도자인형, 도자조명 등의 소품에 이르기까지 전북지역의 도예작가들의 다양한 작품들을 한자리에 모아 놓은 곳이다. 또한 옛 서민들의 지혜가 담겨있는 옹기는 물론 분청사기, 청자, 백자, 토기류 등 재질별 도자기를 판매하고 있다.

[한지관(韓紙館, 효봉 여태명)]
전주특산품 중 한지는 질기고 외구성이
뛰어나, 한지로 만든 각종 수공예품인
한지수의를 비롯하여 실생활에 사용할
수 있는 한지공예와, 전주를 대표하는
부채를 전시하고 있다. 합죽선, 태극선
하면 전주이듯 부채로 유명한 전주에서
직접 선자장들의 작품을 볼 수 있다.

[섬유관(효봉 여태명)]
섬유공예와 금속공예 작품으로 구성되
어 염색, 자수, 퀼트로 침구, 의류 외
소품 등 다양한 섬유작품과 은목걸이,
장신구 등의 금속공예작품을 접할 수
있는 공간이다. 공산품에서 볼 수 없는
독특함과 정교함, 작가들의 작품에 대
한 정성을 느낄 수 있다.

(5) 한방문화센터

한방문화센터는 444평 부지에 한옥 목조 건물 2개동(한방문화관·동의사상관)으로 이뤄져 있다. 학생뿐 아니라 일반인들도 이곳에서 사상체질 감별·진단, 한방 건강나이 측정, 한의학 치료원리, 한방바이오 상품체험 등을 통해 한의학의 원리를 배우게 된다.

이곳에서는 우석대 한방병원 체질의학팀이 개발한 사상체질 프로그램을 통해 자신의 체질을 직접 진단할 수 있다. 30여 가지 질문에 답을 하면 그 결과가 바로 나오고 체질 별로 생활 속에서 유의해야 할 다양한 처방을 받을 수 있다. 신(神), 기(氣), 정(精)의 측정을 통해 몸의 건강 나이도 알아볼 수 있다. 또 한약을 푼 물에 발마사지를 받는 한방약족탕 체험을 할 수 있고, 체질에 맞는 한방차도 마실 수 있다. 그러나 진맥 및 약 처방 등 의료행위는 하지 않는다.

한방문화센터

체험관(사상체질진단, 한방약족탕 체험, 한방건강나이 측정)

한방문화체험을 위해 나무와 흙, 한옥 집짓기 체험관, 체질별 천연염색체험, 그리고 전통문양 목판 인쇄체험, 한방비누 및 화장품 만들기 등 체험 프로그램을 운영

(6) 전주전통한지원

전주전통한지는 조상의 정신을 받들어 순수 우리 한지만을 생산한다. 한지는 닥나무를 잘라서 껍질을 벗기고 말리고 불리고 또 껍질을 벗겨내고 남은것을 잿물에 삶아 정제한 것을 고르게 한 후 닥풀을 넣어 풀대질해서 말리고 다듬질해서 아흔 아홉번의 손질을 거치고 나중에 주인을 만나 빛을 본다는 의미에서 '백지(白紙)'라 불렀듯이 만드는 과정 자체가 우리 뿌리 정신의 소산이다. 그것은 우리의 영성이 깃들어진 물질이면서 물질 이상의 것이기 때문에 타의 종이들과는 구별되는 조상들의 자연정신이 배어있는 직접적 소산이며 한지자체가 하나의 예술품이다.

전통한지연구소에서 한지 만들기를 직접 체험해 보고 있는 어린이들

한지원 내부

한지탈

한지 만드는 과정

한지 전시관

145

(7) 전통찻집

전주한옥의 정취를 느끼며 다양한 전통차를 음미할 수 있다.[112]

다원

다문

다솜

다향

다호

달새는 달만 생각한다

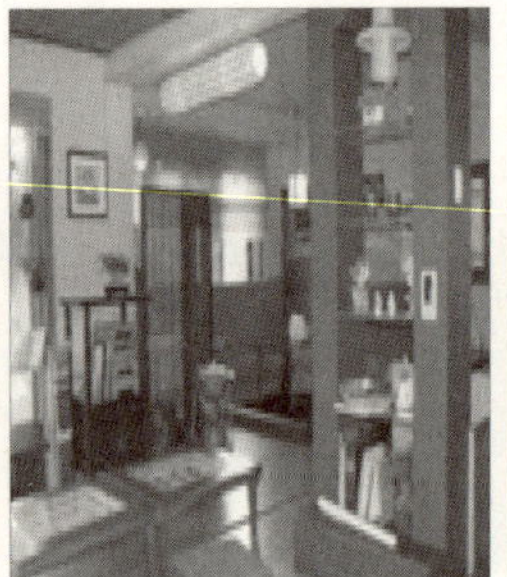
미당

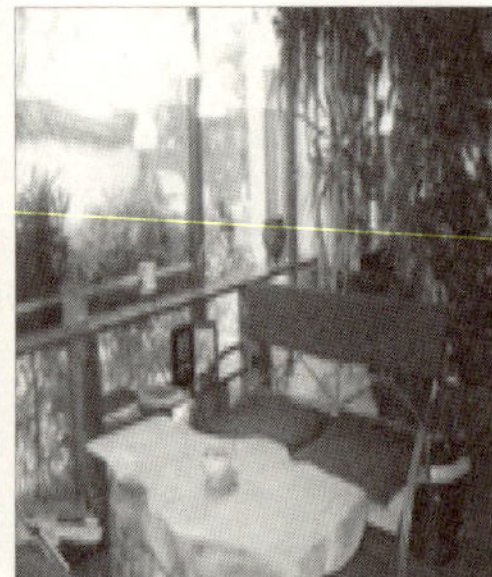
연꽃에 피운 뜰

112 http://hanok.jeonju.go.kr/Hanok/HanokContentDefault.aspx?menuID=259&tabID=126

5. 전주한옥마을의 문화기행

(1) 풍남문

❶ 개요

　풍남문은 보물 제308호((1963년 1월 21일), 조선중기, 중층문루)로 지정, 보호되고 있는 풍남문은 일명 전주의 남문으로 불리면서 옛 전라감영(全羅監營)이자 오랜 역사, 문화의 정서가 깃든 전주부성(全州府成)의 상징적 존재로서 역사성을 간직하고 있다.

풍남문

풍남문 안내도

풍남문의 단청

풍남문의 입구

❷ 풍남문의 누대

풍남문의 누대(樓臺)를 겸한 석문은 성벽을 따라 안쪽으로 내밀게 구형으로 쌓고 석축 중앙에 통로를 뚫고 통로 내외면에 무지개꼴 석문을 쌓아 윗면에 문루를 설치하였다. 누대의 너비는 동서 23.6m, 남북 10.6m이며 높이는 17.2m에 이른다. 문루 서편에는 종각이 있고 좌편에는 포루(砲樓)가 각각 자리했었다.

❸ 풍남문의 문루(궁문이나 성문 위에 세운 디락집)

문루는 2층의 팔각지붕으로 아래층은 정면, 측면이 모두 3칸이고 위층은 정면이 3칸이나 측면이 1칸으로 되어있다. 아래층 내부에 앞 뒤 2열로 4본씩 세운 높은 기둥(高柱)이 그래도

위로 연장되어 위층의 갓기둥이 되는데 문루건축의 이 같은 기둥짜임 수법은 다른 곳에서 찾아볼 수 없는 특수성을 지녔다 할 수 있다.

다만 금산사(金山寺) 3층 미륵전(彌勒殿)에서 4본의 심기둥[心柱]이 연장되어 3층의 귓기둥이 되는 것과 서로 상통되고 있다. 문루의 규모는 아래층이 정면 13.0m, 측면 7.64m, 위층은 정면 9.0m, 측면 4.36m이다. 아래층은 앞에서 말한 위층까지 뻗은 고주의 둘레에 갓기둥을 세워 그 면적을 넓혔다. 공포(拱包)는 주심포(柱心包, 기둥 위에만 공포를 짜올린 것) 양식이나 다포(多包)집 계통의 수법을 따르고 있음을 살필 수 있다. '쇠서', '우설(牛舌)'도 역시 다포집 계통에서 보는 형식이다. 그러나 행공(行工) 첨차나 그에 병행되는 또 하나의 주심포집에서 사용하는 첨차들처럼 아래쪽 윤곽이 복잡한 곡선을 이루

풍남문 정면

풍남문 처마

고 있다. 공포와 공포사이 다시 말해 기둥사이 중간의 것은 창방 위에는 꽃받침을 끼웠는데 이처럼 장식적인 것이 두드러지는 것은 조선조 후기 건축의 특색으로 풍남문은 이조 후기의 문루건축으로서는 대표적인 것으로 평가되고 있다.

❹ 풍남문의 개축

건축양태는 조선후기의 문루형식으로 비교적 잘 보존되어 있는 형태로 지목되고 있다. 원래 도성이나 읍성, 산성 등은 성문이 있기 마련이고 그 위에 문루를 세우는 것이 중요한 형식이자 관례로 되어 있다. 전주부성도 성곽의 창축과 함께 문루를 세웠을 것으로 추정되나 이 부분에 대해 기록상으로 확실히 나타난 때는 1734년(영조 10년)이다. 이 무렵 관찰사인 조현명이 부성을 크게 개축하고, 동서남북의 4문도 다시 쌓았는데 4문 중 풍남문 건축을 가장 중시하여 여기에 3층의 문루를 세워 이를 명견루라 명명하였다.

관찰사 조현명은 이 대역사를 추진하기 위해 다음해 2월부터 자재를 운반하여 6월까지 성곽을 완성한 후 7~8월에 걸쳐 홍예문을 쌓고 그 위에 문루를 세웠다고 한다.

홍예문이란 본디 무지개문이라는 뜻인 성축으로 된 문의 위쪽을 아치형으로 쌓는 형식을 말하는데, 여기에 관해 완산지는 전주부성 남문의 안팎을 모두 홍예문으로 축조, 장식하였고 서문은 바깥쪽만 홍예문이었다고 기록하고 있다. 그런데 현재 전주박물관에 소장되어 있는 전주부성도에 의하면 북문도 홍예로 되어있었음을 알 수 있는데, 남문의 명견루만 3층이었고 이밖에 동서북의 3문은 모두 2층이었다고 기록되어 있는 바 그 모습이 얼마나 큰 위엄과 장관을 이뤘는가를 엿볼 수 있다.

풍남문 개축

풍남문 성벽

❺ 풍남문의 복원

그러나 문루축조 30여 년만인 1767년(영조 43년) 3월, 전주부성에 큰 불이 일어나 민가 천 수백 호를 태우고 이 통에 남문과 서문의 문루도 모두 불타버렸다고 한다. 그 후 관찰사가 홍락인으로 바뀌어 새 관찰사가 문루를 복구하였는데 이때 3층이었던 남문의 명견루가 2층으로 내려앉고 2층이던 서문이 단층으로 바뀌게 되었다.

풍남문의 복원[113]

❻ 풍남문의 유래

성문에는 각기 이름을 붙이기도 했는데 남문은 풍남문이라 하고 서문은 패서문이라 지어 불렀다. 여기에서 남문의 이름인 풍남문의 풍과 패서문의 패가 합친 풍패는 한고조의 고향을 지칭하는 말로서 전주가 조선왕조의 발생지라는 의미에서 각각 그 머리글자를 사용한 사연이 홍락인 관찰사의 상량문에 나온다. 물론 이때 재건된 문루가 현재의 풍남문 건물로서 이어져 오고 있으나 아직도 그 모습을 생생히 담고 있는 석문은 영조 10년 조현명 관찰사가 쌓은 것으로 1979년도 풍남문 보수공사 당시 풍남문 바깥 지면을 파헤치다가 거기서 옹성의 흔적이 노출, 사계의 큰 관심을 불러 일으켰다. 그것은 옹성이 본래 성문 바깥쪽에 석문을 감싼 출성으로서 성문의 직접적인 공격을 막고 또한 성문을 침입하려는 적을 뒤쪽이나 옆쪽에서 칠 수 있게 했기 때문이다.

풍남문 현판

호남제일문 현판

7️⃣ 옹성의 발견

완산지와 문헌비고(文獻備考)에는 성문에 옹성 한곳이 있다 하였는데 이것이 바로 북문이었던 것으로 추정된다. 이 옹성 발견으로 전주성문 구조에 큰 개가를 올리기도 하였다.

1978년 문루(門樓) 보수과정에서 옹성의 기단이 풍남문 홍예문으로부터 12m 지점에서 발굴됨에 따라 이 기단대로 연장 97.5m의 여담쌓기와 치석(治石) 6,856개로서 옹성 1.933m²를 축조 복원했다. 따라서 이는 영조 10년 이전의 상태임을 이 옹성 발견에서 엿볼 수 있다.

(2) 객사

❶ 개요

　전주객사(보물 제538호, 1975년 3월 31일, 조선시대)는
보물 풍남문에서와 마찬가지로 전라감영의 권위와 명예를
상징하는 매우 중요한 뜻을 지니는 보물이다. 비록 옛 영
화와 상징적 전통을 간직한 전주객사이지만 시대의 변천
에 따라 많은 변화와 시련을 겪지 않으면 안되었다. 그런
역사의 영욕 속에 오늘을 지새왔다 해도 지나침이 없다.

❷ 역사적 배경

　예부터 전주객사는 전주부성 안에서 가장 으뜸인 감영현 도청구내의 북쪽에 있는 광대한 대지에 주관과 그 좌우에 양익헌을 가진 웅장한 건축물이었다. 그러던 것이 1914년 북문(지금의 시청앞 팔달로변 오거리)에서 남문에 이르는 관통도로의 확장공사로 좌측의 동익이 철거되고 현재는 주관과 서익만 남게 되었다. 해방이 되면서는 경찰학교로 서쪽 광장이 쓰였으며 서익 건물 바로 옆까지 사유지로 매각되어 고층건물이 들어서는 촌극을 빚기도 하였다.

객사 안내도

객사 현판

　북쪽의 넓은 공터도 주관 처마 밑이 개인에게 매각되어 체신청 건물이 세워지는 등의 우여곡절을 겪기도 하였으며 이에 추녀 끝을 잘라내야 하는 등 보물의 원형훼손이라는 씻기 어려운 큰 무지를 저지르기도 하였다. 물론 지금은 도시 한복판 속에서 번화한 도시의 소음공해에 시달리고 있으나 1975년에 보물 583호로 지정되고 그런대로 보수단장 된 채 그 명맥을 유지하고 있다.

현재는 주관과 서익헌만 남아있고 주관 정면에는 풍패지관이라는 유려한 초서체의 현판이 걸려 있다. 따라서 풍패란 한고조의 고향지명으로 왕조의 본향을 지칭하는 것으로 전주가 바로 이조의 발상지로서 그 높임을 우러른다는 뜻에서 전주객사의 본관을 '풍패지관(豊沛之館)'이라 하였다.

객사 앞

객사 앞마당

❸ 객사의 건축구조

　객사에는 적지 않은 건물들이 부속건물들로 있었던 것으로 전해지며 풍아한 조원시설도 있었으나 지금은 자취도 찾을수 없고 본관인 주관만 건재해 있을 뿐이다.

　전주박물관 소장의 전주부성도를 보면 후원에 조산이 있고 정면에는 내삼문, 중삼문, 외삼문이 겹쳐 세워져 있었으며, 내삼문을 이어 담장을 두르고 내삼문 동쪽에는 맹청, 서쪽에는 무신사가 각각 자리해 있었다.

　담장을 따라 서측에는 책판고 등이 있었던 것으로 부성도가 명시하고 있으며 담장밖의 서측에는 군기고, 화약고 등이 있고 중산문 서측에는 아영청이 각각 있었다. 또 후원에는 조산을 둘러 조경을 하고 중앙에 진남루 그 동서에 매월당, 청연당 등이 있었다.

객사 전경[114]

(3) 전동성당

❶ 개요

　전동성당은 사적 288호로 건축면적이 약 $624m^2$의 화강석을 기단으로 사용한 붉은 벽돌 건물로서, 본당과 측랑의 평면 구성에다 내부는 둥근 천장으로 되어 있다. 중앙의 종탑을 중심으로 양쪽에 배치된 작은 종탑들은 조화로운 입체감을 창출, 건물의 상승감을 더해 준다.

　종머리는 로마네스크의 주조에 비잔틴풍이 가미되어 있어 건물 본체와 잘 어울린다. 1988년 화재로 건물 일부가 소실되었다.

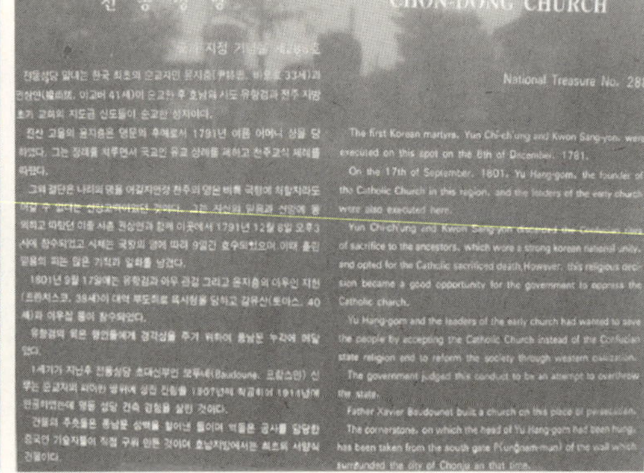

전 동 성 당

CHON-DONG CHURCH

National Treasure No. 288

The first Korean martyrs, Yun Chi-ch'ung and Kwon Sang-yen, were executed on this spot on the 8th of December, 1791.

On the 17th of September, 1801, Yu Hang-gom, the founder of the Catholic Church in this region, and the leaders of the early church were also executed here.

Yun Chi-ch'ung and Kwon Sang-yen observed the Confucian rites of sacrifice to the ancestors, which wore a strong korean funeral unity, and opted for the Catholic sacrificial death. However, this religious decision became a good opportunity for the government to repress the Catholic church.

Yu Hang-gom and the leaders of the early church had wanted to save the people by accepting the Catholic Church instead of the Confucian state religion and to reform the society through western civilization.

The government judged this conduct to be an attempt to overthrow the state.

Father Xavier Baudounel built a church on this place of persecution. The cornerstone, on which the head of Yu Hang-gom had been hung, has been taken from the south gate P'ungnam-mun of the wall which surrounded the city of Chonju an that time.

❷ 대성당 건립

보드네 신부는 전라도 교구를 책임질만한 대성당을
전주에 건립할 것을 결심하고 그 준비를 서두르게 되
었다. 그러기 위해서 첫 단계 사업으로 터의 결정과
매입이 중요한 과제였다. 신도들은 전주를 한 눈에 바
라볼 수 있는 오목대가 적지라고 하였다. 그러던 중
서울에 있는 뮈텔 주교가 전주에 내려왔는데 사인교
를 타고 전주에 입성하는 그에 대한 환영이 굉장하였
다. 뮈텔 주교는 오목대에 올라가 전주 지역을 살펴보

대성당 건립[115]

고 성당자리는 지금의 전동이 적지라고 조언하였다. 그리하여 현재의 전동에 성당을 건립하
게 된 것이다.

❸ 성당건립의 고난

당초 전주의 많은 백성들은 전주 지역을 한눈에 바라보는 자리에 성당을 짓는다는 사실에
몹시 못마땅하게 생각하고 있었으나 그런 오해가 차츰 풀려 윤지충, 권상연을 비롯하여 유향
검, 유관검, 윤지현, 이우집, 김유산이 처형된 이곳이야 말로 더없는 전주성당지라는 인식이
확고하게 자리 잡게 되었다.

보드네 신부는 포와넬 신부와 청의 설계 기술자의 노력으로 선동성당을 기공하였다. 포와

넬 신부는 서울 종헌성당의 설계자이기도 하였다. 그러나 성당의 준공에는 여러 가지 어려움도 많아 상당한 시간을 허비하게 되었다. 공사감독을 맡았던 임모라는 사람이 공사비를 떼어먹고 달아났는가 하면 어떤 사람은 보드네 신부로부터 공사비를 꾸어 금광업에 투자하였는데 실패로 돌아가자 돈을 되돌려 받지 못하였다. 이로 인해 공사가 중단되는 촌극도 빚었다. 1911년에는 폭풍우가 심하게 몰아닥쳐 큰 어려움을 겪게 되었으며, 여기에 도둑이 신부의 집을 털어 공사비를 훔쳐가는 바람에 공사가 3년간이나 중단되기도 하였다.

성당건립의 고난[116]

❹ 고난극복과 완공

수많은 공사의 어려움 속에서도 전주 교인들의 헌금과 노력이 끊임없이 이어졌고 이 가운데 김창열이라는 독지가가 거액의 돈을 기부하기도 하였다. 이밖에도 진안 장수 지역의 교인들의 노력이 크게 작용하여 기공한 지 7년만인 1914년 성당이 드디어 준공되기에 이르렀다. 그야말로 파란만장한 전주전동성당의 준공이었다. 완공을 본 전동성당은 서울의 명동성당을 빼고는 전국에서 제일 큰 규모의 훌륭하고 우아한 성당의 위용을 갖추게 되었다. 전주전동성당이 모체가 되어 이후 수많은 천주교인들이 전라북도에서 탄생하니 전주전동성당은 한국 최초의 순교자를 낸 그 명성에 걸맞게 그 후로 더욱 교세를 확장하기에 이르렀다.

116 자료원 http://hanok.jeonju.go.kr/Hanok

⑤ 천주교의 전파

전주는 조선 최초의 순교자 윤지충과 권상연이 순교한 가톨릭의 역사적 성지로 유명하다. 윤지충, 권상연의 순교지가 지금의 전동성당일 것이라고 추정됨으로써 이 자리에 성당을 짓게 된 연유가 된 것으로 전해지고 있다.

1889년 보드네 신부는 가톨릭 담임신부로 전주에 부임하지만, 전주성안(4대문안)에는 교도가 한 사람도 없었고 천주교에 대한 인식이 좋지 않아 소양의 대성동에서 3년간 우거하면서 전교 활동을 벌였다. 비로소 1891년에 그는 전주성내에 들어와 전교를 함으로써 많은 사람들이 문교하게 되었다. 그 후 비교적 순탄하게 천주교가 포교·전파되었지만, 1894년 동학혁명이 일어나 생명의 위협을 느끼고 서울로 피신케 되었다. 하지만 동학혁명이 좀 잠잠해지자 보드네 신부는 다음해인 1985년에 다시 전주에 와서 교회의 재건에 힘썼고, 당시의 전라감사 이도재를 찾아간 그는 교회건축에 관한 여러 가지 일들을 상의하고 협조를 요청하기도 하였다. 감사 이도재는 비교적 친절하게 대해 주었으며, 많은 편의를 제공해 주었고, 점차 그의 위치가 확고하게 되어 천주교의 튼튼한 기반을 구축할 수 있었다.

(4) 남고산성

❶ 개요

남고산성[117]

남고산성은 사적 제294호로 폭 3.4m, 높이 1.2m, 길이 5.3km이다. 통일신라 때(901년) 견훤이 도성의 방어를 위하여 축성하였으므로 견훤산성이라고도 하였는데 이를 1811년(순조 11년)에 관찰사 이상황이 수축하여 남고진을 두었다. 남고산성은 전주의 남동쪽에서 남원과 순창 행로인 두 갈래 길을 좌우로 거느리고 내려다보는 전략적 요충지였다.

❷ 유래와 역할

남고산에는 남고사를 비롯한 천경대, 만경대, 억경대 등 3개의 봉우리가 있는데 그 중앙의 만경대 남쪽 벼랑에는 고려 말 충신인 정몽주가 쇠퇴해 가는 왕조의 한을 읊었다는 시가 새겨져 있다. 또한 만경대의 수령 5백년 된 만인송은 바위틈에 자라면서 오랜 흥망 속에 정절을 지키고 있다. 고덕산 줄기에 쌓아 놓은 이 산성은 조선왕조 순조 때 수축하여 남고종을 두었다. 이 성은 효종 때 설치했다는 중진영과 숙종 때 쌓았다는 위봉산성과 함께 향토방어에 큰 역할을

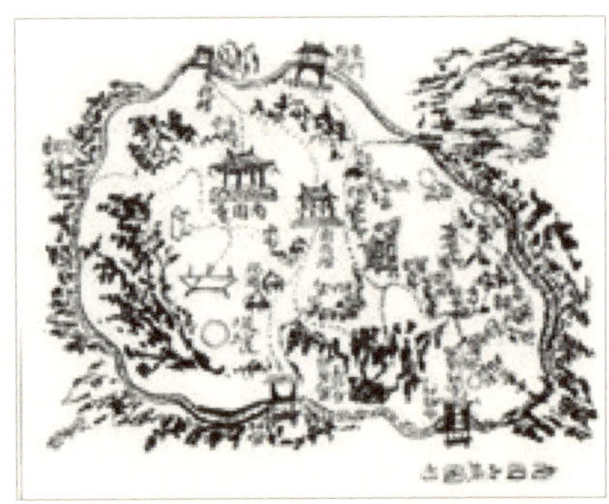
남고산성의 유래[118]

담당했다고 한다. 여기에는 화약 4,320근, 궁노(弓弩)·궁기(弓機) 각 50좌(坐), 노시(弩矢) 1만 개, 장창 100자루, 군량미 6,006섬 등이 항상 비축되었고 산성별장 1명, 장관(將官) 22명, 군졸 1,340명 등이 상주하였다.

지금은 대부분의 석축이 허물어지고, 천경대, 만경대, 억경대 등 3봉우리가 천연의 요새를 이루었음을 말해 준다. 이 봉우리들에는 각각 가로 세로 약 10m의 장대터가 있으며, 성터 안에는 관성묘, 남고사와 서문터 옆에 최영일이 찬하고 이삼만이 쓴 남고진사적비가 있다.

118 자료원 http://hanok.jeonju.go.kr/Hanok

❸ 지형

　사적 제294호로 지정되고 있는 전주남고산성은 전주남방에 위치하고 있으며, 남고산의 자연형세를 이용하여 축조된 석성이다. 평면은 불규칙한 제형을 이루는데 중앙의 북측에 위치한 각이 267.5m 높이이다. 성벽은 비교적 잘 남아 있으며, 수구가 있는 서북변은 자연규암층을 이용하고 있다. 동북변은 산능을 따라 길이 약 800m이고 동변은 길이 약 480m 동변 역시 283.8m 높이의 동남봉과 254.4m 높이의 서남봉

남고산성의 지형[119]

사이의 능선을 연결하는데 길이 약 850m 서변은 중앙의 수구가 있는데 서남봉에서 수구까지는 약 320m, 수구에서 만경대까지는 200m, 만경대에서 북방 남고산까지는 약 300m이다. 산성의 전체 둘레는 약 2,950m에 이른다.

(5) 한벽당

❶ 개요

　한벽당은 1404년(태종 4년) 조선의 개국공신이며, 집현전 직제학(直提學)을 지낸 조선 초기의 문신 최담이 그의 별장으로 지은 누각이다. 이것은 유형문화재 제15호(1971년 12월 2일), 조선

시대 초기, 건평 7.8평의 정면 3칸, 측면 2칸의 팔각지붕 누각이며, 또 승암산 기슭인 발산머리의 절벽을 깎아 세운 누각으로서 옛사람들이 한벽청연이라 하여 전주팔경의 하나로 꼽았다.

한벽루

한벽당 누각[120]

120 자료원 http://100.naver.com/100.nhn?type=image&media_id=244289&docid=736046&dir_id=1301021506

❷ 역사적 유래

한벽당이라 처음 불리게 된 연대는 확실치 않으나 월당선생 유허비에는 이곳을 월당루라 비치고도 있다. 따라서 이조 초 이나라 대표적 선비의 한 분으로 월당이 이곳 바로 위에 위치해 있음으로 해서 월당루라는 이름이 붙여졌을 것으로 추정되며 '한벽당'이 언제부터 붙여진 것인지 아직까지 확실히 밝혀지지 않고 있다. 다만 이 한벽당이라는 이름이 옛날 벽옥한류란 글귀에서 연유된 것으로 추정하는 주장이 많이 대두되고 있다.

한벽당은 우리 고장뿐만 아니라 호남의 명승으로 알려 예부터 수많은 시인묵객들이 그칠 새 없이 찾아 든 것으로 제영한 시가 많이 전해오고 있으며 호남읍지에는 이경전, 이경흥, 이기발, 김진상 등 19명의 저명한 문사들의 시문이 담겨있어 그 시대의 호남 대표적 시류와 풍류의 중심지였음을 말해주고 있다.

❸ 지형적 특색

상관 계곡의 물은 의암, 공기, 은석 등 크고 작은 많은 골짜기의 물이 합해지면서 만나 죽림, 신리, 색장 등 여러 동네 옆을 거쳐 흐르며 계속하여 좁은 목을 굽어 들어 한벽당 바윗돌에 부딪혀 흰 옥처럼 물살이 부서지면서 남천으로 흘러갔다.

옛 문인들은 이 정경이 마치 벽옥한류 같다고 읊었으며, 한벽청연이라 하여 전주 8경의 하나로 꼽았다. 옛날에는 이곳의 수심이 깊어 주위에 펼쳐진 아름다운 경관을 배경으로 이 일대에서 낚싯대를 드리우고 풍류삼매에 젖기도 하였다.

현재 남천교인 오룡교를 건너 남원, 구례, 곡성, 순천, 진주로 빠지는 나그네들의 발을 멈추게도 한 곳이며, 이곳을 근거로 많은 사람들의 향수와 객수를 같이 달랜 곳이기도 했다. 또한 상관의 깊은 골짜기에서 불어오는 맑은 장풍에 가슴속의 속진을 씻어내고 마주치는 남고산성 남고사에서 은은히 울려 퍼지는 종소리는 더욱 한벽당의 운치를 높게 하였다.

(6) 조경단

❶ 개요

조경단은 기념물 제3호(1973년 6월 23일)로써, 1899년(광무 3년)에 전주 이씨 조상의 묘를 쓰기 위해 세워진 곳으로 현재 덕진공원 내 건지산 줄기에 울창한 소나무숲으로 둘러싸여 있다. 조경묘는 조선 역대 왕들이 정성을 다하여 보호하였으며, 특히 이한은 조선 태조의 21대조로 태조의 묘역을 각별히 수호하였다.

전주 이씨의 시조 이한(李翰)의 묘소[121]

❷ 역사적 배경과 규모

고종은 1899년(광무 3년) 5월에 이곳에 단을 쌓아 당상관을 배치하고 비석을 세워 전주 이씨 시조의 묘로 정하고 대한조경단이라 명명하였다. 또한 해마다 한 차례 제사를 지내고, 단을 중심으로 450정보의 단역을 마련하였다. 이는 경기전, 조경묘와 함께 전주가 왕조 전주 이

---

[121] 자료원 http://hanok.jeonju.go.kr/Hanok/HanokContentDefault.aspx?menuID=30&tabID=57

씨의 발상지라는 의의를 한층 현실화 한 조치였다. 전주 이씨 선원계보에 따르면, 신라시대에 사공벼슬을 지낸 이한을 시조로 18대인 목조까지 전주 에 기거하였다는 기록이 있다고 한다.

조경단은 장방형의 돌을 사용하여 담을 쌓았으며, 동서남북에 문이 있다. 서향의 문과 일직선상에 대문을, 남향 의 문에서 20m 떨어진 곳에 비석이

있다. 이 비석은 대리석이며, 너비 180cm, 두께 30cm, 높이 202cm이다. 앞면에는 고종의 어필 로 '대한조경단'이라고 새겨져 있다. 비각은 한 변이 7.2m의 정방형의 3간 팔각 지붕으로 되 어 있다.

(7) 지행당

지방기념물 제7호로 지정되고 있는 사묘, 제단인 전주 지행당은 영조 8년(1732년) 당시 학 덕이 높았던 강서을 추모하기 위하여 세운 건물이며 지행당이라는 액자를 내림으로써 그 명 칭이 붙게 된 것으로 전해지고 있다.

건물은 앞면 3칸, 옆면 2칸의 팔작지붕 기와집으로서 동쪽 한칸 3면이 퍼진 마루로 되어

있고, 중앙 칸은 앞면에 반 칸의
툇마루를 깔고, 한칸 반의 방을
두고 서쪽 칸은 두칸의 장방형으
로 앞쪽에 들창을 달았다. 전면
의 어칸은 너비 215cm, 동협칸은
248cm, 서협칸은 190cm의 넓이
이고 측면은 각각 170cm이다.

지행당[122]

(8) 오목대와 이목대

❶ 개요

오목대와 이목대(기념물 제16호, 1974년 9월 24일)는 전주 이씨 발상지로서 여러 가지 유서를 간직하고 있는 전주의 상징적 역사명소로 되어 있다. 전주는 영조 때 시조 이한공의 위판을 봉안하는 조경묘를 경기전 북쪽에 세우고 고종 광무년에는 시조묘소의 검분과 설잔 목조의 옛터를 확정함으로써 선원지지로서의 의의를 강화하는 데 더욱 힘썼다. 특히 완산지에는 목조의 설화로서 호운석과 장군수 등에 관한 유년시절의 호방했던 풍모가 전해져 내려오고 있다.

오목대

이목대

❷ 역사적 의의

경기전 동남쪽 500m 거리에 위치한 곳에 낮게 솟아 있는 펑퍼짐한 언덕을 오목대라 하는데 남쪽으로 다소 기다랗게 뻗기는 하였으나 대체로 타원형의 돈대로서 서남쪽의 언덕기슭은 벼랑을 이루고 있으며, 옛 토성 자국에 둘러싸여 있다. 동쪽의 승암산에서 뻗어 오목대로 이어지는 산맥을 발산이라 한다.

옛날에는 발산과 오목대는 이어진 산맥이었으나 전라선의 철도 부설로 단절되었다. 오목대는 비록 아담한 산이긴 하지만 다가산과 더불어 전주사람들에겐 가장 친근한 놀이터로 알려져 왔으며, 조선창업의 모든 설화가 여기에서 시작되었다는데 큰 의의를 찾을 수 있다.

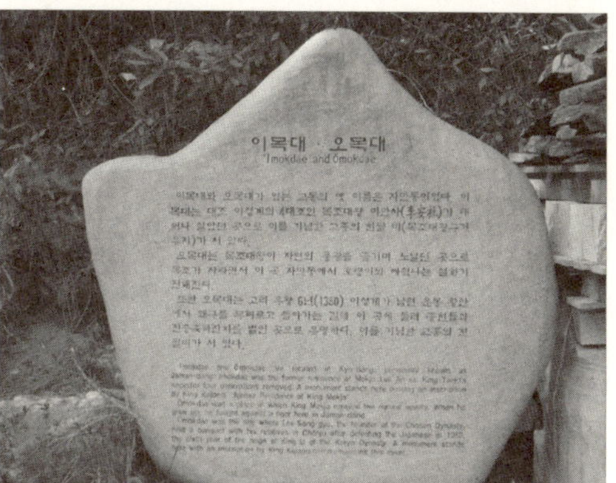

오목대와 이목대

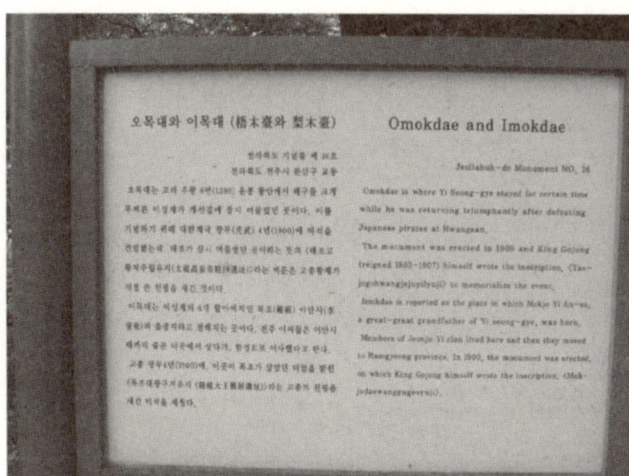

오목대와 이목대 안내문

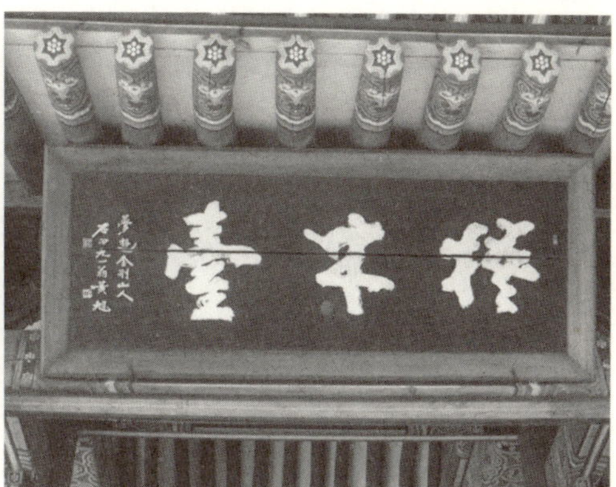

오목대 현판

❸ 오목대와 이성계

1380년(우왕 6년) 8월 500척의 대선단으로 진포(금강어귀)에 침입하였던 왜구는 충청, 전라, 경상 3도의 연안지역에서 갖은 약탈을 자행하였다. 조정에서는 나세를 상원수, 최무선을 부원수로 하여 왜적을 공략하도록 하였는데, 진포싸움에서 최무선이 만든 화포를 처음 사용하여 적의 함선을 모두 불태우고 대승을 거두었다. 배들이 모두 불타 퇴로가 막히자 왜구들이 상주, 영동, 옥주 등으로 나가면서 약탈을 자행하여 지리산 일대가 극도의 혼란에 휩싸였다.

이에 이성계를 충청, 전라, 경상 3도 도순찰사에 임명하여 왜구 대토벌전에 나섰다. 이성계는 운봉에 있는 황산 서북의 정산봉에서 치열한 싸움을 전개하여 대승을 거두었다.

왜구의 수가 10배나 많았으나 겨우 70명만이 살아남아 지리산으로 도망갔으며, 전사한 왜구의 피로 강이 물들어 6, 7일 동안이나 물을 먹을 수 없었다고 한다. 그리고 이때 노획한 말만도 1,600여 필이었다고 한다. 당시 왜구의 소년장수 아지발도가 날쌔고 용맹했는데, 이성계가 활을 쏘아 그 투구끈을 맞혀 투구가 떨어진 사이 이두란이 화살을 날려 이마를 맞춰 사살했다고 한다.

왜구토벌의 일대 전기를 마련한 황산대첩을 승리로 이끈 이성계는 귀경 길에 선조들이 살았던 전주에 들려 오목대에서 일가친지를 불러모아놓고 잔치를 베풀었다. 여기에서 술이 거나해진 이성계가 한나라를 창업한 유방이 불렀다는 대풍가를 읊었다고 한다. 그러자 종사관 정몽주가 자리를 박차고 일어나 홀로 말을 달려 남고산성 만경대에 올라 비분강개한 마음을 시로 읊었으며, 그 시가 남고산성 만경대 바위에 새겨져 있다.

오목대와 이목대[123]

오목대 올라가는 길

(9) 문학대

　문학대(기념물 제16호, 1974년 9월 24일, 목조문화재)는 고려 공민왕 때 정당문학을 지낸 황강 이문연이 낙향하여 만년을 보낸 곳으로 1357년에 건립되었다. 고려 말기에 불교를 숭상하고 유교를 배척하여 윤리와 기강이 문란하게 되면서 여러 문제와 폐단이 생기자, 이문연은 이를 상소하여 바로잡게 하는 등 많은 공적을 남겼다. 그 뒤 귀향하여 마전마을 앞 삼천변에 집을 짓고 여생을 보냈으며, 문학대에서 성리학을 강론하며 많은 후학과 인재를 길러냈다. 1592년 임진왜란 때 훼손되어 집터만 남아 있던 것을 1824년에 이르러 후손들이 중건하였다.

문학대[124]

문학대 현판[125]

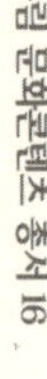

---

124 자료원 http://hanok.jeonju.go.kr/Hanok
125 자료원 http://hanok.jeonju.go.kr/Hanok

(10) 동고산성

❶ 개요

  1981년 4월 1일 전라북도기념물 제44호로 지정되었다. 성의 명칭과 축성 연대는 건물터에서 발견된 기와편으로 추정해 알게 되었다. 동고라는 명칭은 남고산성에 대해 상대적으로 붙은 것이다. 기와편에 전주성이라는 글씨가 새겨져 있어 산성이 지어진 당시에는 전주성이라고 불렀던 것으로 보인다. 특히 전주성(全州城) 명련화문와당(銘蓮花紋瓦當)의 발견으로 성의 명칭을 알게 되었으며 연화문의 형식에 의해서 이 성이 신

동고산성[126]

라말 고려초에 편년(編年)됨으로써 그 시축(始築) 연대가 후백제(後百濟) 견훤왕(甄萱王)의 이른바 완산입도(完山立都)의 시기와 부합됨을 깨닫게 됨에 따라 오랜 구전이 결코 허구가 아니었음을 알게 되었다.

❷ 전주성 연화문와당의 발견

  1980년 처음으로 동고산성을 조사할 때 전주성 명연화문와당(全州城 銘蓮花文瓦當)이 발견되었다. 전주성 명연화문와당은 이곳 초석 주변의 탐색갱에서 출토되었다. 와당면은 외구에 연

주문을 두르고 내구에는 '전주성'이라는 서체가 품자 형으로 새겨져 있다. 중구의 화판은 팔엽복판이며, 평 와에도 '전주성(全州城)'이라는 서체가 새겨 있는 것과 중방, 관자 등의 재명와도 출토되었다. 지름이 125cm 로 둘레에 38개의 연주문(連珠文)을 둘렀다. 가운데에 는 여덟 잎의 연화무늬가 새겨져 있다. 꽃잎마다 작은 꽃잎을 겹친 형식으로 보아 신라 말기에서 고려 초기 에 축성된 것으로 추정된다. 이는 견훤이 완산주(完山 州)에 입성하여 후백제를 세운 시기와 맞물리는 시기이다.

연화문화당[127]

문지는 동문, 남문, 북문이 있으며, 이중문으로 되어 있고, 수구인 서문과 남익문은 내문에 좁은 길이 뚫려 있다. 그러나 성벽이나 성문의 구조에 대해서는 앞문으로 본격적인 학술발굴 조사를 기다릴 수밖에 없다. 건물대장도 우선적으로 주건물지로 보이는 동사면중단 대지와 '관(官)'이라는 서체가 새겨져 있는 명화편이 퇴적되어 있다. 한편 전주 성황사 중창기(重創記) 에는 이곳이 견훤의 궁터로 전해온다고 표현되어 있다.

❸ 지형과 구조

산성지는 서변에 승암산의 기암절벽에 의지하고, 서북방에 수구가 뚫린 상태의 기형산곡을 포용한 사고중관의 지형을 이용한데다가 남북에 익성을 설치한 특이한 형식이다. 동남쪽 가 상자리 최고봉의 표고는 306.0m이며, 수구의 표고는 236.5m이다. 산성의 구조는 산능선을 내

127 자료원 http://hanok.jeonju.go.kr/Hanok

성곽으로 하고, 그 외사면에 회랑도를 설치하였다. 그
외변에 석축을 한 수법으로서 성벽의 높이는 4m 내
외가 된다. 성곽의 크기는 외각성의 주위가 1,588.3m,
동서축의 길이가 314.0m, 남북축 256.0m, 북쪽 날개
성 길이가 112.0m, 남쪽 날개성의 길이 123.0m에 이
른다. 건물대지는 성내 동사면을 3단으로 깎아 반월
형의 대지로 만들었으며, 주건물자리였던 중앙 대지
는 많은 파괴를 입었으나 아직도 초석이 남아있고 불
에 탄 와편들은 표토하 35m 내외의 두께로 퇴적되어 있다.

지형128

(11) 남고사지

　　남고사 기념물 제72호로 신라 문무왕때 보덕화상의 수제자인 명덕화상이 창건한 절이다.
보덕화상은 고덕산 남쪽에 경복사를 창건하여 열반종의 근본도량으로 한 후 남고사를 개창하
여 그 말사로 삼았다. 원래는 남고연국사(南固燕國寺)라 하였으나, 후일에 남고사라 했는데, 언
제부터 칭하게 되었는지는 알 수 없다. 다만, 영조 때 편찬된 <여지도서(與地圖書)>에도 남고
사라 되어 있는 것으로 보아, 남고사라 부르게 된 것은 18세기 후반 이후인 것으로 추정된다.
남고사는 고려시대까지는 교종계통의 사찰로 내려오다가 세종 때 모든 종파의 불교가 교종과
선종으로 통합되어 48개의 사찰만 공인되게 되었을 때 탈락되어 사세가 크게 위축되었을 것

으로 보고 있다. 임진왜란 이후 선종이 주류를 이루게 되자 선종계의 사찰이 되었다.

남고사[129]

(12) 숲정이

❶ 개요

천주교순교지(일명 숲정이 순교지)는 기념물 제44호로, 초창기 천주교 입교와 더불어 점철되기 시작한 교난사의 본산으로서 1791년의 신해박해, 그리고 1801년의 신유대교난, 1827년의 정해박해, 1839년의 을해대교난, 마지막으로 전북지방에서 가장 많은 희생자를 낸 1866년의 병인교난으로 이어지는 한국천주교 교난사를 대변하는 역사적 명소의 하나다.

[129] 자료원 http://hanok.jeonju.go.kr/Hanok

❷ 병인교난과 숲정이

병인교난에 전주사람으로 처형당한 신자는 조화서(영세명 베드로), 이맹서, 정문호, 손선지, 한원서, 정원지, 조윤호 이외에도 김서방, 임바오로, 김사집 등 63명에 이르렀으며. 이밖에도 성명미상의 순교자가 상당수에 이르렀다. 즉 이 지방 천주교 신앙이 얼마나 뿌리 깊었던

숲정이 순교지[130]

가를 말해주는 증거들이다. 정확한 숫자가 밝혀지고는 있지 않으나 여신도들도 상당수가 처형된 것으로 전해지고 있다. 이는 비단 전주뿐만이 아니라 도내 전역에 확산되었던 것으로 그 처형자수가 훨씬 더 많았을 것이라고 추측된다. 비록 비공식 집계이긴 하나 그 무렵 2만 명의 전북신도들 가운데 병인교난 때 천주교 희생자만도 1만 명에 이르렀다고 하니 이 지방 전주를 비롯한 도내 천주교 신자들의 고통과 희생이 얼마나 컸는가를 말해준다. 전주의 순교자들 외에도 도내에 거하고 있던 교도들은 대개 전라감영이 있는 전주로 이송되었으며, 그들 대부분이 숲정이에서 처형된 것으로 전해지고 있다.

❸ 가톨릭 성지

카톨릭 성지로 지정[131]

천주교사의 역사적 교지인 숲정이기에 이곳을 영원히 기념하기 위해 성지로서 지정하였다. 가톨릭재단에 의해 설립된 해성중·고교를 세워 2세들의 교육과 신앙의 고장으로 자리매김하게 하였으며, 여기에 지난 1968년 순교자들을 추모하는 현양탑을 세워 영원한 기념의 장으로 자리하게 되었다. 마침내 1968년 로마교황청은 숲정이에서 희생된 신도에게 영원한 영예인 복자위를 추서하기에 이르렀다. 전국적으로 병인대교난의 24위 복자 가운데 7명이 이 고장 출신이었으니 그 명성을 충분히 엿볼 수 있다. 순교자들은 다시 1984년 5월 요한 바오로 2세의 내한과 함께 천주교 순교의 최대영광인 103위 성인위에 포함됨으로써 세계천주교사의 위대한 성인 탄생이라는 또 하나의 영광을 안게 되었다.

131 자료원 http://hanok.jeonju.go.kr/Hanok

참고문헌

국토개발연구원, 전라북도종합개발계획 중간보고, 1982.

김규남, 백년 전으로 떠나는 전주의 지면 여행, 전북언어문화연구소.

김규남·이길재, 전주부성과 주변의 산줄기, 2001.

김은정, 동학농민혁명 100년, 나남출판, 1995.

김정호, 지방자치시대의 문화시민운동, 한국향토사연구전국협의회, 향토사와 지역문화, 수서원, 1998.

김종덕, 지역사의 해석과 축제, 정근식 편, 축제, 민주주의, 지역활성화, 새길, 1999.

김해정, 고문서, 선인의 문화와 삶을 읽는 방향 전주의 출판·인쇄(印刷) 문화재 보존을 위한 호소, 문화
        저널(저널초점), 1997. 10.

김홍우, 한국의 놀이와 축제, 집문당, 2002.

원도연, 전북지역 문화의 현황과 향후 과제, 정문길 외, 삶의 정치 – 통치에서 자치로, 크리스찬 아카데
        미 대화출판사, 1998.

이동희, 조선시대 전주의 역사와 문화.

이병학, 황금빛 지평선에 서다, 한겨레 생활/문화, 2004. 10. 7.

일연, 최호(역해), 삼국유사, 홍신문화사, 1991.

전라북도, 전라북도장기발전계획(1989~2001), 1989.

전라북도, 전라북도 21세기 발전방안에 대한 도민의식 조사연구, 1996.

전라북도, 동학농민혁명정신 선양사업 기본계획 보고서, 1999.

전북문화저널, 제1회 전주국제영화제와 통합축제 평가 보고서, 2000.

전북문화저널사, 월간 <문화저널>, 1987년 10월호(창간호)~2000년 12월호.

전북일보, 전주관련 신문기사, 1999. 6. 23.

전북전통문화연구소, 후백제 견훤정권과 전주, 주류성, 2001.

전북전통문화연구소, 전주의 역사와 문화(전북역사문화총서1), 신아출판사, 2004.

전성옥, 지역문화축제의 발전방향과 전망, 전북문화저널 창간 10주년 기념 심포지움, <지역문화축제의
　　　현황과 과제>, 1997.
정종수, 지역문화축제의 현황과 문제점, 전북문화저널 창간 10주년 기념 심포지움, <지역문화축제의 현
　　　황과 과제>, 1997.
전주대사습놀이보존회, 전주대사습사 참조, 1992.
전주문화방송, 전북인의 의식조사, 1992.
전주상공회의소, 전주상의 육십년사, 1995.
최수학, [전국포커스] 전라감영, 55년 만에 복원한다, 한국일보, 2006. 5. 7.
한국개발연구원, 전라북도 공업진흥 종합계획에 관한 연구, 1985.
Geertz, C, The Interpretation of Cultures, New York : Basic Books, 1973.

웹페이지
공예품 전시관 http://www.omokdae.com
동락원 http://www.jkhanok.com
문화재정보센터 http://www.cha.go.kr
술박물관 http://www.urisul.net
전라북도청 문화관광 http://www.gobk.net
전주대사습놀이 http://www.jjdss.or.kr/
전주시청 http://www.tour.jeonju.go.kr
전주정보영상진흥원 http://www.jjcenter.or.kr
전주한옥마을 http://hanok.jeonju.go.kr/
전통문화센터 http://www.jt.or.kr
최명희 문학관 http://www.jjhee.com/
한옥생활체험관 http://www.jjhanok.com
http://www.dongchosori.co.kr/dongchoje/dongchoje.htm
http://www.naver.com